DIE FRIESEN VERSTEHEN

Das kleine Handbuch
für Nordfriesland

DIE FRIESEN VERSTEHEN

Ellert & Richter Verlag

Antje Arfsten
Thomas Steensen
Wendy Vanselow

Mit Cartoons von
Kim Schmidt

sh:z das medienhaus

Inhalt

Alle zwei Wochen stirbt nach Schätzung der UNESCO eine Sprache aus. Dabei ist Sprache keineswegs nur Mittel zum Zweck der Kommunikation. Sprache – voran die Muttersprache – ist Heimat. Sie ist, wie die Literatur-Nobelpreisträgerin Herta Müller einmal sagte, das „sicherste und notwendigste Maß, das man hat. Es steht dem Mund gratis zur Verfügung, ohne bewusst gelernt worden zu sein. Die Muttersprache ist momentan und bedingungslos da. Fast wie die eigene Haut. Und genauso verletzbar wie diese, wenn sie von anderen gering geschätzt, missachtet oder gar verboten wird."
In Deutschland gibt es noch 13 Regional- und Minderheitensprachen. Das Friesische gehört dazu – und es lebt, auch wenn es nur noch für rund 10 000 Menschen in Nordfriesland Mutter- und Alltagssprache ist. Dafür aber wächst nicht zuletzt durch die Arbeit des *Nordfriisk Instituut* in Bredstedt das Interesse an jenen seltsamen Wörtern, die auf den Inseln und dem Festland immer wieder aufzuschnappen oder auf zweisprachigen Ortsschildern zu lesen sind.

Die fremde Sprache macht neugierig, sie will entdeckt werden. Ja, es macht Spaß, in das oft so geheimnisvoll klingende und geschriebene Kulturerbe einzutauchen. Das bewiesen die Reaktionen der vielen Leserinnen und Leser, die einen ganzen Sommer lang in den Tageszeitungen des Schleswig-Holsteinischen Zeitungsverlages täglich die friesische Sprache erleben konnten. Jetzt gibt es das Buch zur Serie. Das Werk der Autoren Antje Arfsten, Thomas Steensen und Wendy Vanselow vom *Nordfriisk Instituut* zeigt nicht nur, wie bereichernd das Friesische für das ganze Land und seine kulturelle Vielfalt ist. Das Buch führt die Leser auch in unterhaltsamer, fast spielerischer Form ein in eine Welt, die viele bislang nur – im wahrsten Sinne des Wortes – oberflächlich kannten: die Inseln und Halligen, das friesische Festland mit seinen Städten und Dörfern, mit den Bräuchen und besonderen Volksfesten, mit der einmaligen Landschaft. Doch wie schön ist alles erst, wenn ein Blick in die Sprachwelt gelingt, die sich über die Jahrhunderte entwickelt und die Menschen in Nordfriesland geprägt hat.
In diesem Sinne: Genießen Sie den Sprachausflug ins Friesische. Danke dem *Nordfriisk Instituut* für diesen wahrlich nicht alltäglichen Sprachführer.

Stephan Richter
Sprecher der Chefredakteure der
medien holding: nord

Friesisch als Schlüssel zur Welt – eine Einführung

„Sprache ist der Schlüssel zur Welt." Dieses Wort stammt von dem preußischen Gelehrten und Mitgründer der Berliner Universität Wilhelm von Humboldt (1767–1835). Erst durch Sprache werden Vorstellungen von der Wirklichkeit denk- und sagbar. Und weil jede Sprache in Klang, Wortwahl und Ausdruck einzigartig ist, sind es auch die dazugehörigen Sprachwelten. Wie eben das Friesische. Der namhafte Sprachforscher Theodor Siebs (1862–1941) nannte es „das bedeutsamste und sicherste positive Kennzeichen der Friesen". Friesisch verfügt über ganz eigene Redewendungen und Vergleiche. Im Deutschen sagt man beispielsweise: „Er ist dumm wie Brot." In England sagt man: *He is thick as a brick* (wörtlich: „Er ist dumm wie ein Ziegelstein"). Im Föhrer Friesisch bezieht man sich bei dem Vergleich auf einen bekannten Bewohner des Wattenmeeres: *Hi as dom üüs en uastring* („Er ist dumm wie eine Auster").

Stellt man sich das Germanische als einen Baum vor, dann symbolisieren fünf Äste die westgermanischen Sprachen: Hochdeutsch, Niederdeutsch, Niederländisch, Englisch und

Friesisch. Zusammen mit Englisch bildet Friesisch das Nordseegermanische. Der friesische Ast gliedert sich auf in einen west-, einen ost- und einen nordfriesischen Zweig, wobei jeder dieser Zweige weitere Triebe entwickelt. Friesisch gilt unter den germanischen Sprachen als die vielfältigste.

Eine einheitliche nordfriesische Sprache gibt es also nicht, sie besteht aus mehreren Varianten. Der Unterschied zwischen dem Insel- und dem Festlandsnordfriesischen geht bereits auf zwei unterschiedliche Einwanderungswellen des Mittelalters zurück. Mit etwas Übung können sich Insel- und Festlandsnordfriesen aber durchaus gut verständigen.

Auf jeder Insel und in jedem Teilgebiet des Festlandes hat sich eine eigene nordfriesische Variante entwickelt. Auf Föhr spricht man *Fering,* das dem *Öömrang,* dem Amrumer Friesisch, sehr nahe steht. Auf Helgoland gibt es das *Halunder,* auf Sylt das *Sölring,* und auf den Halligen spricht man *Freesk,* das am nächsten mit den Mundarten des Festlandes verwandt ist. Dort findet man das *Freesk* aus der Wiedingharde an der dänischen Grenze, das *Frasch* in der Bökingharde um Niebüll und das *Freesch* und *Fräisch* der Nordergoesharde mit den Orten Langenhorn und Ockholm. Wohl annähernd 10 000 Menschen können Nordfriesisch sprechen.

Trotz dieser augenscheinlichen Vielfalt überwiegen die Gemeinsamkeiten. In ihrem Blick auf die Welt, der Art, wie man Dinge umschreibt oder lieber nicht ausspricht, sind sich die Nordfriesen einig. In ihrer Sprache spiegelt sich in ganz eigener Weise die Geschichte der Friesen an der Nordsee. Deshalb skizzieren wir in diesem Buch auch die historischen, wirtschaftlichen und sozialen Hintergründe.

Unser Dank gilt Prof. Dr. Jarich Hoekstra, Harry Kunz, Fiete Pingel, Werner Junge und einigen Studierenden der Universität Flensburg, die sich mit Ideen und Hinweisen einbrachten. Dr. Helge Matthiesen und Stephan Richter vom Schleswig-Holsteinischen Zeitungsverlag sowie dem Ellert & Richter Verlag danken wir für die gute Zusammenarbeit.

Wir hoffen, Ihnen mit dem Buch „Die Friesen verstehen" einen Einblick in die kleine, aber sehr besondere friesische Welt verschaffen zu können.

Antje Arfsten
Thomas Steensen
Wendy Vanselow

1

Was heißt *Rüm hart, klaar kiming*?

a. Harter Rum, klarer Korn

b. Nicht herumreden, klar sprechen!

c. Mit hartem Rudern kommt man klar.

d. Weites Herz, klarer Horizont

2

In welcher Reihenfolge ergibt sich ein friesisches Wort, das „alle miteinander" heißt?

a. tu

b. le

c. ål

d. måå

Richtige Antwort Frage 1: d.

Viele Gasthäuser oder Schiffe in Nordfriesland heißen *Rüm Hart* („Weites Herz") oder *Klaar Kiming* („Klarer Horizont"). Das Wort stammt von den inselfriesischen Seefahrern und gilt neben „Lieber tot als Sklave" als *der* nordfriesische Wahlspruch. Es drückt sowohl Großzügigkeit und Toleranz als auch Klarheit und Zielbewusstsein aus. *Rüm* lässt sich aus „geräumig" herleiten, in *Hart* für „Herz" ist die Verwandtschaft mit dem Englischen zu erkennen, und die „Kimmung" findet sich im heutigen Deutschen noch vor allem in der Seemannssprache.

Richtige Antwort Frage 2: c. a. d. b.

Åltumååle sagt man auf dem nordfriesischen Festland um Niebüll. *Jam san me åltumååle wäljkiimen* heißt zum Beispiel: „Ihr seid mir alle willkommen." Wenn jemand sagt: *Dåt njütet duch åltumååle ninte*, heißt das allerdings: „Das nützt doch alles nichts." Das *å* wird wie ein offenes o zum Beispiel in „Socke" gesprochen. Wird es verdoppelt, spricht man es lang wie im englischen Wort *small*.

3

Was heißt in Nordfriesland „Witzwort"?

a. **trockener Humor**

b. **lustige Überraschung**

c. **Ort in Eiderstedt**

d. **ein Witz, der nicht länger als 30 Sekunden dauert**

4

Welches Tier schwirrt einem sprichwörtlich im Bauch herum, wenn man verliebt ist?

a. **selag**

b. **flenerk**

c. **hünj**

d. **hiaring**

Richtige Antwort Frage 3: c.

Es handelt sich bei Witzwort keineswegs um einen Witz, sondern um einen Ort in Eiderstedt. Die Endsilbe *-wort* bedeutet „Wurt“ und stammt aus dem Mittelniederdeutschen. Sie bezeichnet einen Wohnhügel zum Schutz vor Sturmfluten, der weiter nördlich in Nordfriesland „Warft“ genannt wird. Die erste Silbe des Ortsnamens verweist auf einen Mann, der eine bedeutende Rolle für die Siedlung gespielt hat. Witzwort bedeutet also ungefähr „Wohnhügel der Leute des Wite“.

Richtige Antwort Frage 4: b.

Der Schmetterling heißt auf Föhr und Amrum *flenerk*. Dieses Wort ist verwandt mit dem niederländischen *vlinder*. Die Endung des nordfriesischen *flenerk* deutet auf eine Verniedlichungsform hin. Andere Beispiele für solche Verniedlichungen auf Föhr und Amrum sind *fengerk*, „Fingerchen“, oder *emerk*, „Eimerchen“. In der Gegend um Niebüll ist ein Schmetterling ein *schrubföögel*, wörtlich ein „Gestrüppvogel“, oder ein *samerföögel*, ein „Sommervogel“. *Selag* bedeutet „Seehund“, der *hünj* ist der Hund und der *hiaring* der Hering.

Woher die Friesen kommen

Die Friesen haben Nordfriesland ihren Namen gegeben. Doch woher kamen sie – oder waren sie schon immer da?

Erstmals erwähnt wurden die Friesen in Zusammenhang mit einem Ereignis im Jahr 12 v. Chr. von römischen Autoren. Sie gehören damit zu den am frühesten bezeugten germanischen Stämmen. Ihr Siedlungsgebiet erstreckte sich vom Niederrhein bis zur Weser, später entlang eines schmalen Küstenstreifens bis fast zur Mündung der Elbe. Ob es jemals ein einheitliches „Großfriesisches Königreich" gegeben hat, liegt im Dunkeln der Geschichte. Aus dem frühen Mittelalter sind aber friesische Könige bekannt, um die sich manche Legende rankt. Demnach wartet König Radbod in seiner ostfriesischen Grabstätte darauf, von den Friesen eines Tages zu Hilfe gerufen zu werden ...

Sturmfluten rissen große Buchten in das friesische Gebiet. Von Süden her brachten fränkische Könige Teile davon unter ihre Herrschaft. Für Schrecken und Schaudern in der damaligen christlichen Welt sorgten die Friesen, als sie 754 bei Dokkum den Missionar Bonifatius

Der Leuchtturm von Hörnum auf Sylt
weist seit 1907 den Schiffen den rechten Weg.

umbrachten. Zur Zeit Karls des Großen, im Jahr 802, wurden friesische Volksrechte als *Lex Frisionum* aufgezeichnet.
Durch ihren weitreichenden Handel auf dem *Mare Frisicum*, wie die Nordsee zeitweise genannt wurde, kamen die Friesen viel herum. Zeitweise waren sie die Seefahrer und Fernhändler *par excellence*. So lernten sie sicher auch das Gebiet des heutigen Nordfrieslands kennen, in dem nach der Völkerwanderung des 4. bis 6. Jahrhunderts kaum noch Menschen lebten. Nur die nordfriesischen Geestgebiete im Landesinneren wurden von dem dänischen Stamm der Jüten bewohnt.

Die Turmruine der um das Jahr 1200 errichteten Kirche St. Salvator ist das Wahrzeichen der Insel Pellworm.

Ab etwa 700 besiedelten Friesen vor allem die Geestinseln Amrum, Föhr und Sylt, vermutlich auch Helgoland sowie Teile Eiderstedts. Die weiten Marschen des Festlandes nahmen sie überwiegend im Verlauf einer zweiten Einwanderungswelle während des 11. Jahrhunderts in Besitz. Das Gebiet wurde zunächst „Klein-Friesland", später „Nordfriesland" genannt.

Heute leben Friesen vor allem in Westfriesland (Provinz Fryslân der Niederlande), Ostfriesland und Saterland im Bundesland Niedersachsen – und eben in Nordfriesland im Nordwesten des Bundeslandes Schleswig-Holstein. Im Zeitalter der Romantik wurden in der ersten Hälfte des 19. Jahrhunderts die alten Verbindungen neu geknüpft. Mancher Nordfriese nahm sich Westfriesland zum Vorbild, wo noch heute fast eine halbe Million Menschen Friesisch sprechen und die Sprache intensiv gefördert wird. Alle drei Jahre trifft man sich in einem der drei Frieslande zu einem Friesenkongress. Der 1956 gegründete Interfriesische Rat sorgt für Verbindung und Austausch. Seine Sektion Nord hat ihren Sitz im *Friisk Hüs* in Bredstedt.

Die Friesen gehören zu den Völkern in Europa, die keinen eigenen Nationalstaat gründeten, genauso wie etwa die Basken oder die Bretonen. In Deutschland ist die friesische Volksgruppe neben den Dänen, Sorben sowie den Sinti und Roma als nationale Minderheit anerkannt.

5

Welches Fest wird *tu puask* gefeiert?

a. **Himmelfahrt**

b. **Pfingsten**

c. **Ostern**

d. **Weihnachten**

6

In welcher Reihenfolge ergibt sich der Name einer Hallig?

a. **strand**

b. **nord**

c. **moor**

d. **isch**

Richtige Antwort Frage 5: c.

Das friesische Wort für „Ostern“ auf Föhr, Amrum und Sylt lautet *puask*, in der Gegend um Niebüll sagt man *poosche*. Das christliche Osterfest fällt zeitlich mit dem jüdischen Passah- oder Pessachfest zusammen, mit dem es auch einige symbolische Elemente gemein hat. Aus dem hebräischen Wort *pesach* beziehungsweise dem aramäischen *pascha* haben die meisten europäischen Sprachen ihr Wort für „Ostern“ abgeleitet. Im Französischen heißt es beispielsweise *pâques*, im Spanischen *pascua*, im Italienischen *pasqua* und im Dänischen *påske*. Das deutsche „Ostern“ und das englische *easter* fallen aus der Reihe.

Richtige Reihenfolge Frage 6: b. a. d. c.

Nordstrandischmoor ist ein Überrest der Insel Alt-Nordstrand, die bei der katastrophalen Sturmflut von 1634 zerstört wurde. Es war ursprünglich ein Hochmoor in der Mitte der Insel. Hier suchten in der Sturmflutnacht mehrere Menschen Zuflucht. Auf der Hallig, auch „Lüttmoor“ genannt, wohnen 18 Menschen auf vier Warften. In der Schule, einer der kleinsten in Deutschland, werden drei Kinder unterrichtet. Seit 1933 besteht ein mit Loren befahrbarer Damm zum Festland. Die Hallig kann mit einem Ausflugsschiff oder im Rahmen einer Wattwanderung besucht werden.

7

Was bedeutet das friesische Wort *åntertemånter*?

a. **Feldwebel**

b. **Entengeschnatter**

c. **entweder oder**

d. **Ameise**

8

Wer feiert an Himmelfahrt seinen Ehrentag?

a. **aatj**

b. **baabe**

c. **taatje**

d. **Faaðer**

Richtige Antwort Frage 7: d.

Dieses lange Wort aus der Gegend um Niebüll bezeichnet ein ziemlich kleines Tier: die Ameise. In *åntertemånter* steckt das Verb *åntere*, das unter anderem „krabbeln“ bedeutet. In der Mehrzahl werden, und das ist wirklich ungewöhnlich, beide Wortteile verändert: *åntretemåntre*. In der Gegend um Langenhorn heißt die Ameise *mörpaser*, wörtlich „Mauerpisser“. Auf Helgoland bezeichnet man mit *Önnerbansken* nicht nur die Ameisen, sondern auch die ebenso fleißigen „Heinzelmännchen“.

Richtige Antwort Frage 8: a., b., c., d.

Alle Antworten sind richtig, denn jedes dieser Wörter bezeichnet den Vater. Auf Sylt nennt man ihn *Faaðer* (sprich: „Fohlo“), auf Föhr und Amrum sagt man *aatj*, auf den Halligen *baabe* und in der Gegend um Niebüll *taatje*. Die Mutter hingegen heißt auf Nordfriesisch fast überall *mam*. Zur Groß- und Kleinschreibung siehe das Kapitel „Wie man Friesisch liest und spricht – ohne Regeln geht es nicht“.

9

Was bezeichnet man in Nordfriesland als „Lore“?

a. **die nordfriesische Loreley**

b. **das Standbild auf dem Husumer Marktplatz**

c. **ein Schienenfahrzeug**

d. **eine körperlich kleine Frau**

10

Welches der folgenden Wörter bezeichnet keinen nordfriesischen Dialekt?

a. **Fering**

b. **Öömrang**

c. **Sölring**

d. **Hering**

Richtige Antwort Frage 9: c.

Eine Lore ist ein Schienenfahrzeug, das das Festland mit einigen nordfriesischen Halligen verbindet. Heute mit Motoren betrieben, früher mit Segeln bestückt, dienen die Loren nach Oland und Langeneß sowie nach Nordstrandischmoor in erster Linie dem Materialtransport des Landesamtes für Küstenschutz. Die Halligbewohner dürfen jedoch mit eigenen Loren die Schienen benutzen.

Richtige Antwort Frage 10: d.

Nur bei „Hering“ handelt es sich nicht um einen nordfriesischen Dialekt. Alle anderen gibt es tatsächlich: *Fering* heißt das Friesische auf Föhr, *Öömrang* sagen die Amrumer zu ihrer Sprache, und *Sölring* spricht man auf Sylt. Die dazugehörigen Inseln heißen in ihren jeweiligen Sprachformen *Feer, Oomram* und *Söl.*

Sprachenland Nordfriesland – *Spräkelönj Nordfraschlönj*

Um Ihnen einen Eindruck von der friesischen Sprache zu vermitteln, geben wir Ihnen im folgenden Text Informationen über das „Sprachenland Nordfriesland“ auf *Frasch,* dem Hauptdialekt des Festlandes. Was verstehen Sie? Keine Angst, die „Auflösung“ folgt im Anschluss auf Deutsch.

Önj Nordfraschlönj wårde önj e warkeldäi fiiw spräke brükd: friisk, sönerjüsk, plååttjüsch, huuchtjüsch än dånsch. Uk wan et sam manschne jäift, wat åle fiiw spräke koone, san maning nordfrasche „bloot“ twanespräki. Am aw dåt spräklik iirwpårt foon e regjoon haanetuwisen, broocht et Nordfriisk Instituut di ütdruk „Spräkelönj Nordfraschlönj“ ap.

Da friiske kömen foon e sööderkånt foon e Weestsiie heer ap an broochten jare äine spräke ma. Önj maning famiilie as friisk uk diling nuch jü spräke foont däik laawen. Awtu wårt e friiske spräke uk t. b. önj bjarnetööninge än schoule fermadeld. Ouders as önj da „Utlande“ öntj weesten, jäif et aw e gåäst önjt åästen foon e kris Nordfraschlönj ål önjt eeder madelåler boogseetinge foon da jüüte, en dånschen ståm. Jare dånsche dialäkt, et sönerjüsk, wårt diling nuch huuch önjt noorden foon e kris, näi bai e dånsche gränse snååked. Sunt et iinje

foont madelåler seet ham mör än mör plååttjüsch as åmts- än schörkespräke döör. Önj jüdeer funktsjoon wörd et lääserhaane foont huuchtjüsch oufliised, wat ham as spräke foon e warkeldäi jarst önjt 20. iirhunert dööseet. Plååttjüsch wårt uk diling foon maning manschne brükd. Nordfraschlönj hiirt tu da „huuchborje" foont plååttjüsch önj Slawik-Holstiinj. Önj en hiil ra bjarnetööninge än schoule heet et san plåts füngen. Nordfraschlönj bliif ouer 1 000 iir, bit 1864, ma Danmårk ferbünen. Aw e nordersid foon e gränse, wat 1920 täägen wörd, jeeft et en tjüsch manerhäid, än aw e söödersid deerfoon en dånsch manerhäid, wat har dånsch kultuur laawet. Jü unerhålt äine bjarnetööninge än schoule, en däilik blees än fersoomlingshüsinge as et Husum Hus.
Fiiw läämtie spräke önj iinj regjoon – dåt jeeft et önj Europa ouers bloots salten. Maning manschene önj Nordfraschlönj strääwe deerfor, dåt dåtdeer wichti kultuurgödj uk for tukaamene generatsjoone behülen blaft.
In Nordfriesland werden im Alltag fünf Sprachen gesprochen: Friesisch, Süderjütisch, Plattdeutsch, Hochdeutsch und Dänisch. Auch wenn es einige Menschen gibt, die alle fünf Sprachen beherrschen, so sind viele Nordfriesen heutzutage „nur" zweisprachig. Um auf die sprachliche Besonderheit der Region hinzuweisen, prägte das *Nordfriisk Instituut* den Begriff „Sprachenland Nordfriesland".
Die Friesen kamen von der südlichen Nordseeküste und brachten ihre eigene Sprache mit. In vielen Familien ist Friesisch nach wie vor die

Sprache des täglichen Lebens. Darüber hinaus wird sie zum Beispiel in Kindergärten und Schulen vermittelt. Anders als in den *Utlanden*, den „Außenlanden" im Westen, gab es in den Geestgebieten im Osten des heutigen Kreises Nordfriesland bereits im frühen Mittelalter Siedlungen der Jüten, eines dänischen Stammes. Ihr dänischer Dialekt, das *Sønderjysk*, wird heute noch ganz im Nordosten des Kreises, nahe der dänischen Grenze gesprochen. Seit dem Ende des Mittelalters machte sich als Amts- und Kirchensprache mehr und mehr das Platt- oder Niederdeutsche geltend. In dieser Funktion wurde es später vom Hochdeutschen abgelöst, das sich als Umgangssprache erst im 20. Jahrhundert durchsetzte. Plattdeutsch ist noch heute weit verbreitet. Nordfriesland gehört zu den „Hochburgen" des Niederdeutschen in Schleswig-Holstein. In vielen Kindergärten und Schulen hat es seinen Platz. Nordfriesland blieb über 1 000 Jahre, bis 1864, mit Dänemark verbunden. Nördlich der heutigen, 1920 gezogenen Staatsgrenze gibt es eine deutsche und südlich davon eine dänische Minderheit, die ihre dänische Kultur lebt. Sie betreibt zum Beispiel eigene Kindergärten und Schulen, eine Tageszeitung und Versammlungshäuser wie das *Husum Hus*.

Fünf lebendige Sprachen in einer Region – das gibt es in Europa sonst nur ganz selten. Viele Menschen in Nordfriesland setzen sich dafür ein, dieses bedeutende Kulturgut für künftige Generationen zu erhalten.

11

„Trutz, blanke Hans“ lautet ein geflügeltes Wort Nordfrieslands. Wer ist mit „Hans“ gemeint?

a. der Teufel

b. die Nordsee

c. der Steuereintreiber

d. die Allgemeinheit

12

Was ist das festlandsnordfriesische Wort für „Weile“, also eine kurze Zeitspanne?

a. wale

b. wilems

c. schöör

d. wråål

Richtige Antwort Frage 11: b.

„Blanker Hans“ ist eine bildhafte Bezeichnung für die Nordsee. Sie geht laut der „Nordfresischen Chronik“ von Anton Heimreich (1666) auf einen Risumer Deichgrafen zurück. Nach der Fertigstellung eines neuen Deiches rief er der Nordsee herausfordernd entgegen: „Trutz nun, blanker Hans!“ Gemeint ist: „Versuch es doch, du armer Wicht!“ Hochmut kommt vor dem Fall; an jener Stelle brach der Deich einige Jahre später bei der großen Sturmflut von 1634.

Richtige Antwort Frage 12: c.

Das friesische Wort *schöör* wird in der Gegend um Niebüll verwendet und steht einerseits für „Weile“. Andererseits bedeutet *schöör* auch „Regenschauer“ oder „Anfall“ beziehungsweise „Ausbruch einer Krankheit“. Den Schüttelfrost nennt man beispielsweise *bääwerschöör.* Das Wort *schöör* ist verwandt mit dem deutschen Wort „Schauer“. Wenn man die drei Bedeutungen für das friesische Wort *schöör* miteinander vergleicht, fällt eine Gemeinsamkeit auf: Jedes Mal wird ein Vorgang bezeichnet, der nur eine kurze Zeitspanne umfasst. Das Wort *wale* bedeutet „Wille“, *wilems* heißt auf Deutsch „manchmal“, und *wråål* steht für „Welt“.

13

Wer oder was begegnet mir auf Föhr, wenn ich den oder das *hualewjonken* antreffe?

a. **ein Gefährt**

b. **ein Hausmeister**

c. **eine Sternschnuppe**

d. **ein Jungmännerklub**

14

Ein weltbekannter Dichter machte Nordfriesland zum Schauplatz eines seiner Werke. Es war ...

a. **Hans Christian Andersen**

b. **Friedrich Schiller**

c. **William Shakespeare**

d. **John Steinbeck**

Richtige Antwort Frage 13: d.

Der Ausdruck *hualewjonken* heißt wörtlich „Halbdunkel“, also Abenddämmerung. Das ist auch die Tageszeit, zu der sich die jungen Männer auf Föhr trafen und immer noch treffen. Darum heißen die traditionellen Vereinigungen junger Männer auf der Insel ebenfalls *hualewjonken,* und einige alte Bräuche dieses Bundes haben sich bis heute erhalten.

Richtige Antwort Frage 14: a.

Der dänische Märchendichter Hans Christian Andersen (1805–1875) besuchte 1844 als Gast des dänischen Königs die Insel Föhr. Er war beeindruckt von der friesischen Kultur und Sprache. Sein Roman „Die zwei Baroninnen“ spielt großenteils in Nordfriesland, und zwar vor allem auf der Hallig Oland.

15

Er hat meine Handtasche geklaut! Haltet den ...

a. **siif**

b. **süm**

c. **seenk**

d. **san**

16

Warum würden Nordfriesen niemals einen friesischen Kriminalfall mit dem „Aktenzeichen xy" lösen?

a. **Weil Nordfriesen keine guten Spürnasen sind.**

b. **Weil Nordfriesen nicht fernsehen.**

c. **Weil es die Buchstaben in keinem nordfriesischen Alphabet gibt.**

d. **Weil es in Nordfriesland keine Verbrechen gibt.**

Richtige Antwort Frage 15: a.

Das Amrumer Wort *siif* bedeutet „Dieb". Das Föhrer Pendant lautet *tiif.* Aus einem ehemaligen *th*-Anlaut haben sich auf Amrum Wörter mit *s* und auf Föhr Wörter mit *t* am Anfang entwickelt. Im Deutschen beginnen solche Wörter meistens mit einem d, wie *süm/tüm* („Daumen"), *seenk/teenk* („denken") und *san/tan* („dünn"). Im Englischen hat sich der *th*-Laut erhalten, wie in *thief, thumb, think* oder *thin.*

Richtige Antwort Frage 16: c.

Die Buchstaben x und y kommen in keinem der nordfriesischen Alphabete vor; der x-Laut wird mit der Buchstabenkombination *ks* dargestellt, wie in *heks* für „Hexe". Das y drückt man je nach Zusammenhang mit einem *ü* oder einem *i* aus, wie in *süsteem* für „System" oder *händi* für „Handy".

Wie man Friesisch liest und spricht – ohne Regeln geht es nicht

Dass Nordfriesisch kein deutscher Dialekt ist, wird einem bildhaft vor Augen geführt, wenn man einen friesischen Text zur Hand nimmt. Ein Merkmal der nordfriesischen Rechtschreibung ist die gemäßigte Kleinschreibung. So werden außer Satzanfängen und Eigennamen alle Wörter kleingeschrieben, wie man es auch vom Englischen kennt. Außer auf Sylt und Helgoland hat sich diese Regel überall in Nordfriesland durchgesetzt.

Eine Grundregel, die für alle nordfriesischen Rechtschreibungen gilt, besagt: Lange Vokale werden verdoppelt, ein einfacher Vokal ist immer kurz. Ein gutes Beispiel dafür sind die deutschen Wörter „komm“ und „kam“. Diese gibt es auf Föhr und Amrum in der gleichen Bedeutung und mit gleichem Klang, geschrieben werden sie aber *kom* und *kaam*. Durch diese Regel gibt es in nordfriesischen Texten kaum doppelte Konsonanten, dafür aber jede Menge Vokale wie in *friis* („frieren“), *stuul* („Stuhl“) und *ööwe* („üben“).

Auch gibt es im Nordfriesischen Diphthonge (Zwielaute), wie *ia* und *ua*, die man vom Deutschen nicht kennt und bei denen die Betonung auf dem ersten Buchstaben liegt, so zum Beispiel bei *iarem* („Arm") und *guard* („Garten").

Die Buchstabenkombinationen *dj, lj, nj* und *tj,* wie in *rüüdj* („rot"), *iinj* („eins"), *fälj* („Feld") und *fötj* („Fuß"), sind ein typisches Merkmal der nordfriesischen Sprache, wie diese Beispiele aus der Gegend um Niebüll belegen. Dabei wird das *j* nicht betont, sondern bezeichnet eine Erweichung der vorangehenden Buchstaben. Das *sj* in Amrumer und Sylter Wörtern entspricht dem deutschen sch.

Buchstaben, die es so in der deutschen Rechtschreibung nicht gibt, sind auf Sylt das *ā, ē* und *ð*. Das Sylter *ā* entspricht einem langen a-Laut, wie in *Krāb* (sprich: „Kraab") für „Krebs". Dieser Buchstabe wurde eingeführt, um ihn vom *aa* zu unterscheiden, das wie ein langer o-Laut ausgesprochen wird, so in *Baal* (sprich: „Bool"), dem Wort für „Ball". Der Buchstabe *ē* spricht sich wie ein gedehnter ä-Laut, zum Beispiel bei *Bēr* (sprich: „Bäär"), was „Bett" bedeutet. Mit dem *ð* wird ein Laut beschrieben, der entweder wie ein l oder wie ein Zungenspitzen-r ausgesprochen wird. Auf dem Festland hat das *å* aus dem Dänischen Eingang in die Rechtschreibung gefunden. Das kurze *å* klingt wie das kurze o in „toll" und das lange *åå* wie der o-Laut in dem englischen Wort *wall*.

Andererseits verzichtet das nordfriesische Alphabet auf die Buchstaben q, x, y, z und ß. Wenn diese in Lehnwörtern enthalten sind,

Viele Orts-, Bahnhofs- und Behördenschilder sind in Nordfriesland deutsch und friesisch beschriftet.

werden sie wie in den folgenden Beispielen „umschrieben“: *kwadraat* („Quadrat“), *heks* („Hexe“), *süsteem* („System“) und *wits* („Witz“). Zu dem Buchstaben *s* sei noch gesagt, dass er in Wortanfängen immer scharf ausgesprochen wird, wie in dem deutschen Wort „Fuß“. Das Gleiche gilt auch für das *s* am Wortende, während es im Wortinnern meistens weich ist, wie in „Dose“. Doch wie nicht anders zu erwarten, gibt es von dieser Regel eine Reihe von Ausnahmen, zum Beispiel bei *glees* („Gläser“) und *gees* („Gänse“), wo das *s* auch am Wortende weich ausgesprochen wird.

17

Wie zählt ein Sylter Friese bis drei?

a. **jen, tau, trii**

b. **en, to, tre**

c. **een, twee, dree**

d. **one, two, three**

18

Was ist eine *Gliep*?

a. **eine Rutschbahn**

b. **ein glücklicher Zufall**

c. **ein Schiebenetz**

d. **eine Ackerfurche**

Richtige Antwort Frage 17: a.

Die Zahlen von eins bis drei gehören häufig zu den ersten Vokabeln, die man in einer neuen Sprache lernt. Auf Sylt lauten sie *jen, tau, trii*. Auf Dänisch zählt man *en, to, tre*, auf Plattdeutsch *een, twee, dree* und auf Englisch *one, two, three*. Die Föhrer und Amrumer zählen fast genauso wie die Sylter, nur fangen sie mit *ian* statt mit *jen* an. Auf dem nordfriesischen Festland sagt man *iinj, tou, trii*.

Richtige Antwort Frage 18: c.

Eine *Gliep*, hochdeutsch auch „Schiebehamen" genannt, ist ein an einem langen Stiel mit Querholz befestigtes Netz. Es diente zum Krabbenfang. Das Gerät wurde langsam über den Wattboden geschoben. Die Krabben fing man fast ausschließlich für den heimischen Bedarf. Erst als um 1900 Eisenbahn und Konservierungsmittel die Krabben transportfähig machten, wurden sie vom Arme-Leute-Essen zu einer Delikatesse.

19

Als Raucher hat man es leicht beim Flirten. Man fragt einfach: Hast du mal eben …

a. skiiw?

b. ial?

c. föör?

d. düüw?

20

Worauf deutet „Siel“ in den Ortsnamen Schlüttsiel, Bongsiel und Holmer Siel hin?

a. einen Segelhafen

b. eine Muschelfabrik

c. eine Salzgewinnungsanlage

d. einen Durchlass im Deich

Richtige Antwort Frage 19: b.

Das Wort für „Feuer“ ist auf Föhr und Amrum *ial*, das in den verschiedenen Regionen zwar jeweils ein wenig anders geschrieben wird, in der Gegend um Niebüll beispielsweise *iilj*, in jedem Fall aber dieselbe Herkunft hat. Diese ist nur noch in den nordischen Sprachen, wie etwa am dänischen *iild*, und im Nordfriesischen erkennbar. In den westgermanischen Sprachen wie dem heutigen Englischen und dem Niederdeutschen ist es ausgestorben. Eine *skiiw* ist eine Scheibe, *föör* heißt „vor“, und eine *düüw* ist eine Taube.

Richtige Antwort Frage 20: d.

Ein Siel ist ein verschließbarer Durchlass im Deich, durch den das Hinterland entwässert wird. Bei Flut werden die Tore des Siels durch den höheren Meerwasserdruck automatisch von außen zugedrückt und das Einströmen von Salzwasser verhindert. Durch den Rückgang des Meerwassers bei Ebbe stößt der nun größer werdende Druck des Binnenwassers die Tore wieder auf, und es kann abfließen. Hat ein Ort also ein „Siel“ im Namen, so liegt er an einem Deich. Das gilt zum Beispiel auch für Greetsiel in Ostfriesland.

21

Bringen Sie die Jahreszeiten in die richtige Reihenfolge, beginnend mit dem Frühling:

a. harfst

b. uurs

c. samer

d. wunter

22

Warum waren die *Mandränken* so beängstigend?

a. Weil Menschen ertranken.

b. Weil Massen sich drängten.

c. Weil Kinder erkrankten.

d. Weil Männer sich betranken.

Richtige Antwort Frage 21: b. c. a. d.

Die festlandsfriesischen Ausdrücke für Sommer, Herbst und Winter sind den deutschen sehr ähnlich. Nur der friesische Frühling, der *uurs*, geht auf einen anderen Ursprung zurück. Er leitet sich her vom altfriesischen *wars* und ist verwandt mit dem schwedischen und dänischen *vår*. Aus dem friesischen *uurs* kann man übrigens auch ein Verb bilden, nämlich *apuurse*. So wird das Erwachen der Natur nach ihrem Winterschlaf genannt, wenn alles wieder grünt und erblüht und voller Leben ist. Auch Menschen, die nach der dunklen Zeit wieder neuen Schwung bekommen, sind *apuursed*.

Richtige Antwort Frage 22: a.

Als erste *Grote Mandränke* bezeichnet man die gewaltige Sturmflut von 1362, bei der viele Tausend Tote und riesige Landverluste zu beklagen waren. Die zweite *Mandränke* überflutete 1634 die große Insel Alt-Nordstrand. Die Silbe *Man-* steht nicht nur für „Männer“, sondern allgemein für „Menschen“; wie im Englischen, wo *man* und der dazugehörige Plural *men* in manchen Zusammenhängen auch die Frauen mit einschließen.

Welche Besonderheiten gibt es in Nordfriesland? Was fällt Ihnen als Erstes ein? – In einer Umfrage des *Nordfriisk Instituuts* unter Schülern und Landfrauen standen maritime Elemente an erster Stelle: Meer, Wasser, Watt, Wind, Weite, Inseln, Halligen, Deiche, flaches Land ...

Tatsächlich ist die Lage am Meer der wichtigste geografische Tatbestand. Er bestimmt Natur und Landschaft ebenso wie Geschichte und Identität der Menschen. Er bildet die wirtschaftliche Basis. Die dem Meer abgewonnene Marsch schuf den Grund für bäuerlichen Wohlstand. Die Lage an der Nordsee zog viele Männer zur Seefahrt. Heute zieht die recht intakte Naturlandschaft an der Meeresküste Millionen Menschen an, die hier Erholung suchen und finden.

Auf kleinem Raum unter dem Einfluss der Nordsee verzahnen sich verschiedene Landschaftsformen. Diese Vielfalt mit dem Dreiklang Watt, Marsch, Geest bildet die Grundlage der mannigfaltigen Geschichte und Kultur Nordfrieslands. Weltweit einzigartig ist das Wattenmeer. Dies wurde 2009 durch die Aus-

Die schwere Orkanflut vom 18. Oktober 1936, hier an der Strandpromenade von Westerland auf Sylt, war eine der schwersten Sturmfluten des 20. Jahrhunderts.

zeichnung als Weltnaturerbe dokumentiert. Vergessen wird dabei manches Mal, dass große Teile des nordfriesischen Watts eine untergegangene Kulturlandschaft darstellen. Es ist ein „Friedhof der Marschen“.

Mandränke lautet die volkstümliche nordfriesische Bezeichnung für zwei verheerende Sturmfluten, in denen viele Tausend Menschen ertranken. Die *Grote Mandränke* von 1362 formte die nordfriesische Küste nachhaltig um, es entstanden zum Beispiel die ersten Halligen. Der sagenhafte Ort Rungholt, gelegen bei der heutigen Hallig Südfall, verschwand in den Fluten der Nordsee.

Bei der Sturmflut Ende 1981 drang die Nordseebrandung bis in die Kirche der Hallig Langeneß.

Die zweite *Mandränke* im Jahr 1634 forderte mindestens 10 000 Tote in Nordfriesland. Besonders schlimm traf es die reiche Insel Alt-Nordstrand, die sich in der Form eines großen Hufeisens in der Bucht vor Husum erstreckte. Nur das heutige Nordstrand und Pellworm konnten wiederbedeicht werden.

Die Gefahr der als „Blanker Hans" betitelten Nordsee ist eine der Konstanten in der Geschichte Nordfrieslands. Weite Teile des mittelalterlichen Siedlungsgebietes gingen unwiederbringlich verloren. Diese Erfahrung des Verlustes kann zum „kollektiven Gedächtnis" gerechnet werden. Sie ist eine besondere

Das Spiel mit den Wellen bei Sturmflut ist lebensgefährlich.

Signatur der nordfriesischen Geschichte und unterscheidet diese von allen Nachbarregionen. Gewiss hat das Bewusstsein, auf gefährdetem Terrain zu leben, die Mentalität der Menschen beeinflusst, auch wenn dies schwer wissenschaftlich-exakt messbar ist. Die *Mandränken* bilden die wichtigsten Geschichtszahlen Nordfrieslands: 1362 und 1634. Sie brachten ungezählten Menschen den Tod, sind aber zugleich die Geburtsstunde der Region, wie wir sie heute kennen.

23

Welche Früchte enthalten Kerne, die man gerne für ein Wärmekissen verwendet?

a. jardbaie

b. kasebaie

c. hansebaie

d. sulebaie

24

Wozu brauchte man „Ditten“?

a. zum Schlafen

b. zum Heizen

c. zum Kutschfahren

d. zum Segeln

Richtige Antwort Frage 23: b.

In der Gegend um Niebüll nennt man die Kirschen *kasebaie,* wörtlich „Kirschbeeren", deren Kerne unter anderem als Füllung für Wärmekissen beliebt sind. Die *jardbaie,* Erdbeeren, sind dafür genauso wenig geeignet wie die Johannisbeeren, bei denen man die roten (*hansebaie*) von den schwarzen (*sulebaie*) unterscheidet. Lecker sind sie jedoch alle.

Richtige Antwort Frage 24: b.

Ditten wurden auf den Halligen als Brenn- und Heizmaterial benutzt. Man gewann sie aus Rinderdung, der auf dem Wohnhügel, der Warft, ausgestrichen und flachgeklopft wurde. Anschließend stach man ihn in kleine Platten. Ganz durchgetrocknet waren die Ditten völlig geruchlos und konnten auf dem Dachboden gelagert werden. Auf Niederdeutsch heißen sie *Dütten,* auf Friesisch *dise.*

25

Wie nennt man auf Sylt den Teil eines Hemdes, in den man seinen Arm hineinsteckt?

a. **Sliiv**

b. **Jerem**

c. **Sliip**

d. **Sleeng**

26

Welches Lied, das in Nordfriesland gern gesungen wird, stammt eigentlich von der Ostseeküste?

a. **Wo de Nordseewellen trekken an den Strand**

b. **Dat du min Leevsten büst**

c. **Gölj – Rüüdj – Ween**

d. **17 Jahr, blondes Haar**

Richtige Antwort Frage 25: a.

Das friesische Wort für „Ärmel" auf Sylt lautet *Sliiv*. In der Gegend um Niebüll wird es *sliiw* geschrieben, auf Föhrer und Amrumer Friesisch *sliaw*. Das Wort ist verwandt mit dem altenglischen *sliefan*, was „(Kleider) anziehen" bedeutet, und mit *sliepan* für „überstreifen". All diese Bedeutungen hat das heutige englische *sleeve* behalten. Mit dem *Jerem* bezeichnet man auf Sylt den Arm, der *Sliip* ist der Schlaf und die *Sleeng* die Schlinge oder Schlaufe

Richtige Antwort Frage 26: a.

Das Lied begann ursprünglich so: *Wo de Ostseewellen trekken an den Strand.* Die vorpommersche Heimatdichterin Martha Müller-Grählert (1876–1939) schrieb es mit dem Titel *Mine Heimat* im fremden Berlin. In Zürich wurde es vertont und gelangte an die Nordseeküste. Als „Nordseewellenlied" oder „Friesenlied" wurde es schnell populär. Die Dichterin aber verstarb arm und einsam. *Dat du min Leevsten büst* ist ein plattdeutscher Klassiker. *Gölj – Rüüdj – Ween* („Gold – Rot – Blau") gilt als nordfriesische Hymne. Das Lied „17 Jahr, blondes Haar" von Udo Jürgens hat mit Nordfriesland dagegen nichts zu tun.

27

Was verbirgt sich hinter einem *hopeltuuts*?

a. **Fahrradklingel**

b. **Frosch**

c. **Kopfsteinpflaster**

d. **Tänzer**

28

Ein wichtiger Grundsatz des früheren nordfriesischen Deichrechts hieß: *De nich will dieken, mutt ...*

a. **kieken**

b. **wieken**

c. **pieken**

d. **strieken**

Richtige Antwort Frage 27: b.

Das kurios klingende Wort *hopeltuuts* bezieht sich auf ein Tier und seine charakteristische Fortbewegungsweise. Auf Föhr und Amrum heißt die Kröte *tuuts. Hopeltuuts* bedeutet wörtlich „Hüpfkröte". Andere Bezeichnungen für den Frosch sind *hopelfask* oder *hoperfask*, also wörtlich „Hüpffisch". Auf dem Festland trägt der friesische Frosch einen Namen, der dem Deutschen relativ ähnlich ist, in der Gegend um Niebüll heißt er *foosch*.

Richtige Antwort Frage 28: b.

Das plattdeutsche Wort *De nich will dieken, mutt wieken* bedeutet: „Wer nicht will deichen, muss weichen." Gemäß dem „Spadelandesrecht" musste jeder Landbesitzer in seinem Koog zur Unterhaltung des schützenden Deiches beitragen. Wer das trotz Ermahnungen nicht tat, verlor letztlich sein Land. Symbolisch wurde ein Spaten in den Deich gesteckt. Das Land ging an denjenigen über, der den Spaten herauszog.

De nich will dieken ... Deichbau in Nordfriesland

Prägend für die friesische Geschichte ist die Auseinandersetzung mit der Nordsee. Durch umfangreiche Grabensysteme verwandelten die Friesen das Meeresschwemmland in fruchtbare Marsch. Sie warfen Wohnhügel auf, die Warften, und begannen vor etwa tausend Jahren mit dem Bau von Schutzwällen. Die ersten Deiche waren kaum anderthalb Meter hoch. Heute misst ein Seedeich etwa achteinhalb Meter an Höhe und bringt es in der Breite auf 100 Meter. Insgesamt verfügt allein Nordfriesland über mehr als 800 Deichkilometer – ein gewaltiges Werk.

Als der Meeresspiegel stieg, überließen die Friesen die gefährdete, aber fruchtbare Marsch also nicht der Nordsee, sondern bedeichten und bewirtschafteten sie. Größere Siedlungen allerdings gründeten sie vor allem auf dem sicheren Geestrand.

Nach den *Mandränken* wurde der Nordsee Abschnitt für Abschnitt, Koog für Koog neues Land abgewonnen. „Koog" (Mehrzahl „Köge") nennt man in Schleswig-Holstein ein eingedeichtes Stück Land. In Nordfriesland gibt es rund 170 Köge. Wer durch die Marsch fährt, schlägt ständig ein neues Kapitel im Geschichtsbuch auf. Auch die Namen erzählen von der Vergangenheit. Der Desmerciereskoog vor Bredstedt etwa ist benannt nach dem unehelichen Sohn eines dänischen Grafen und einer Putzmacherin aus der Rue des Merciers in Paris. Als Bankdirektor in Kopenhagen ließ er in Nordfriesland drei Köge eindeichen. Der Juliane-Marien-Koog bei Dagebüll erhielt seinen Namen nach der Gemahlin des dänischen Königs Friedrich V. Den Gotteskoog bei Niebüll benannte man nach der höchsten Instanz, denn seine Eindeichung geschah „im Namen Gottes". Der heutige Tümlauer Koog in Eiderstedt hingegen wurde 1935 zunächst nach dem NS-Generalfeldmarschall Hermann Göring benannt.

Dass dem Meer Land abgewonnen wird, ist eine „Urerfahrung" der Menschen in Nordfriesland. Darum war es ein Epochenwandel, als im Zeichen der Überproduktion in der Landwirtschaft die Landgewinnung eingestellt wurde. Der Deichbau dient heute nur noch dem Küstenschutz. Der große Beltringharder Koog zwischen Nordstrand und dem Festland wurde 1987 ganz unter Naturschutz gestellt. Benannt ist er übrigens nach einer „Harde", einem Verwaltungsbezirk, auf der 1634 zerstörten Insel Alt-Nordstrand.

Mit den Deichen sind viele besondere Ausdrücke verbunden, die sich manchmal von Region zu Region unterscheiden. Das Wort „Koog" verwendet man nur in Schleswig-Holstein, in

Schafe sorgen als „Rasenmäher" der Deiche für den Küstenschutz.

den Niederlanden und Teilen Ostfrieslands sagt man „Polder", in anderen Gegenden Niedersachsens „Groden". Einen Aufgang zum Deich bezeichnet man als „Akt". Eine „Wehle" ist ein bei einer Sturmflut entstandener Teich, andernorts spricht man von „Brake", „Brack" oder „Kolk". Ein breiter Graben in der Marsch, in dem das Regenwasser sich sammelt, nennt man „Sielzug". Ein „Deichgraf" oder „Deichvogt" steht einem Deich- und Sielverband vor. Der Mann mit dem stolzen Titel hat aber heute „nur" noch mit der für die Marsch sehr wichtigen Entwässerung zu tun. Für die Seedeiche ist seit 1971 das Land Schleswig-Holstein zuständig.

29

Sortieren Sie diese Zeitangaben chronologisch und beginnen Sie mit der frühesten:

a. **diling**

b. **mjarne**

c. **änjörsne**

d. **ouerdemjarne**

30

Welches Fest wird auf Sylt gefeiert, wenn es ans *Friimaakin* geht?

a. **Konfirmation**

b. **Verlobung**

c. **Taufe**

d. **Hochzeit**

Richtige Reihenfolge Frage 29: c. a. b. d.

Im Friesischen in der Gegend um Niebüll heißt *änjörsne* „gestern", *diling* „heute", *mjarne* „morgen" und *ouerdemjarne* „übermorgen". Bei dem Wort *änjörsne* bedeutet *än* „in" oder „an" und *jörsne* „gestern"; *ouerdemjarne* heißt wörtlich „über morgen (hinausreichend)".

Richtige Antwort Frage 30: a.

Mit dem *Friimaakin* wird die Konfirmation auf Sylt gefeiert. Wörtlich heißt *Friimaakin* „Freimachen"; die evangelische Konfirmation markiert den kirchlichen Übergang ins Erwachsenenalter. Wie beim „Freisprechen" des Gesellen aus einem Handwerksbetrieb wird der junge Mensch damit zu einem mündigen Mitglied der Gemeinschaft. In der Gegend um Niebüll nennt man die Konfirmation *oufsolfiiring*, wörtlich „Ablösung".

31

Was bedeutet auf Föhr und Amrum das Wort *kral*?

a. lebendig

b. Feldblume

c. Locke

d. Kralle

32

„Keetmanshoop" heißt eine Stadt in Namibia. Aber wo liegt Keetmanshoop in Nordfriesland?

a. an der dänischen Grenze

b. in Eiderstedt

c. auf Sylt

d. im Sönke-Nissen-Koog

Richtige Antwort Frage 31: a. b. c. d.

Ein irreführendes Beispiel, wir geben es zu. Alle Antworten sind nämlich richtig. Und drei der Bedeutungen stehen sogar in Verbindung miteinander, erinnern doch krause Haare in ungezähmtem Zustand an wilde Blumen und umgekehrt. Diese Lebendigkeit ist es auch, die einem Menschen als Eigenart zugeordnet werden kann. Übrigens: *kralen* werden tatsächlich nur die Feldblumen, die wild wachsenden Blumen, genannt. Blumen allgemein heißen *ruusen*.

Richtige Antwort Frage 32: d.

Keetmanshoop war der Endpunkt einer Eisenbahnlinie in der damaligen Kolonie Deutsch-Südwest-Afrika, heute Namibia. Der Nordfriese Sönke Nissen (1870–1923) aus dem kleinen Dorf Klockries bei Niebüll leitete als Ingenieur dort den Bahnbau. Reich wurde er durch Diamantenfunde. Nissen konnte so die Eindeichung des nach ihm benannten Koogs vor Bredstedt finanziell ermöglichen. Die zu seinem Nachlass gehörigen sieben Höfe benannte man nach Bahnstationen in Deutsch-Südwest, zum Beispiel Elisabethbay, Lüderitzbucht oder eben Keetmanshoop.

33

Grün ist das Land, rot ist die Kant, weiß ist der Sand. Das sind die Farben von ...

a. Alt-Nordstrand

b. Helgoland

c. Westerland

d. Süderoogsand

34

Was tut jemand, der *amhalset*?

a. sich beschweren

b. sich verkleiden

c. sich versprechen

d. sich umentscheiden

Richtige Antwort Frage 33: b.

Mit diesem Spruch wird treffend das Erscheinungsbild der Insel Helgoland beschrieben. Den leuchtend roten Felsen kann man schon von Weitem gut erkennen, während man das Grün erst sieht, wenn man die Insel betritt. Auf der benachbarten Düneninsel herrscht die Farbe Weiß vor. Auch die helgoländische Flagge ist, ebenso wie das Wappen, grün-rot-weiß und hat ihre Ursprünge im 17. Jahrhundert. Damit ist sie älter als der Spruch, der aus dem 19. Jahrhundert stammt.

Richtige Antwort Frage 34: d.

Das Wort *amhalse* kommt aus der Seefahrt; es bedeutet „eine Halse/eine Wende segeln", hat also mit einem Richtungswechsel zu tun. Diesen Ausdruck kann man auf Föhr und Amrum auch im übertragenen Sinne benutzen. Jemand der *amhalset*, entscheidet sich beispielsweise für einen neuen Beruf, einen neuen Partner, eine andere Partei oder irgendeine andere Neuerung in seinem Leben.

Friesen auf allen Weltmeeren

Sylt, Föhr, Amrum und die Halligen waren früher Inseln der Seefahrer. Vieles erinnert noch heute an diese Epoche, etwa Walknochen als Eingangstore oder Schiffe auf den Grabsteinen der Inselkirchhöfe. Im 17. und 18. Jahrhundert fuhr fast jeder erwachsene Mann zur See. Der Anteil der Seeleute an der männlichen Bevölkerung auf Amrum machte um 1780 etwa 80 Prozent aus. Beinahe nur Kleinkinder und Greise sowie der Pastor blieben zu Hause. Für die Inselgesellschaft bedeutete das: Es gab hier emanzipierte Frauen, als das Wort noch nicht in aller Munde war.

Die meisten Insulaner fuhren von niederländischen Häfen aus. Zahlreiche Spuren der Verbindung mit den Niederlanden zeigen sich noch heute, etwa die zu Tausenden importierten Wandfliesen. Sie gelten vielen als „typisch friesisch". Niederländer spielten auch im Deichbau eine wichtige Rolle. Und in dem von Glaubensflüchtlingen besiedelten Friedrichstadt wandelt man bei jedem Schritt auf niederländischen Spuren.

Die Nordfriesen beteiligten sich am Walfang im Eismeer, einem einträglichen Unterneh-

Inselfriesische Kapitäne führten Walfang- und Handelsschiffe wie hier die „Dione“ über alle Weltmeere.

men. Berühmte Kommandeure, wie man die Befehlshaber von Walfangschiffen nannte, waren Matthias Petersen („der Glückliche“) von Föhr und Lorens Petersen de Hahn von Sylt. Viele Männer kehrten nicht zurück. Schiffsunglücke, Krankheiten, Piratenüberfälle machten die Seefahrt zu einem gefahrvollen Beruf. Doch war die Chance, hier sein Auskommen zu finden, deutlich größer als in der kargen Landwirtschaft auf den heimischen Inseln. Wer nicht mit der dürftigen Heuer eines Matrosen vorlieb nehmen wollte, musste die „Steuermannskunst“ beherrschen. So entstanden auf den Inseln schon im 17. Jahrhundert Navigationsschulen in privater Regie. Zahlen belegen ihren Erfolg: 1782 wurden unter insgesamt rund 2 800 Syltern genau 597 Seeleute gezählt; darunter befanden sich 150 Kapitäne und Kommandeure sowie 164 Steuerleute!

Das Walkiefertor vor dem Altföhrer Haus am Friesenmuseum Wyk auf Föhr zeugt von der maritimen Vergangenheit der Insel.

Auch nach dem Ende des „goldenen Zeitalters“ – das man angesichts der vielen Unglücksfälle nur mit Abstrichen so bezeichnen kann – blieben Inselfriesen der Seefahrt verbunden. Kapitän Boye Richard Petersen, der die kleine Halligschule von Gröde besucht hatte, befehligte 1902–09 das Fünfmastvollschiff „Preußen“, eines der größten Segelschiffe aller Zeiten. Das Segelschulschiff „Gorch Fock“ stand 1982–86 unter dem Kommando des Föhrer Friesen Nickels Peter Hinrichsen.
Die Seefahrt prägte die Mentalität vieler Inselfriesen. Der Kunst- und Kulturhistoriker Ernst Schlee schrieb: „Verharren im Überkommenen vereinigt sich mit Erfahrenheit in der Welt, Befangenheit in einer eng gewordenen Sitte bis zur starren Kleinlichkeit ist einer überlegenen, fast urbanen Vornehmheit benachbart.“

35

Was bedeutet es der Legende nach, wenn sich ein *gonger* zeigt?

a. **Dass ein geliebter Mensch auf See gestorben ist.**

b. **Dass man selbst bald sterben wird.**

c. **Dass das Wetter schlecht wird.**

d. **Dass man bald heiraten wird.**

36

Zu welchem Anlass heißt es auf Plattdeutsch: *Mok fast in Husum*?

a. **Krokusblütenfest**

b. **Husumer Filmtage**

c. **Pole-Poppenspäler-Tage**

d. **Husumer Hafentage**

Richtige Antwort Frage 35: a.

Als *gonger* wird auf Friesisch der Wiedergänger bezeichnet. Damit sind häufig Seeleute gemeint, die auf See bleiben und sich in der Todesnacht den Lieben noch einmal in Geistergestalt zeigen. Dabei hinterlassen sie eine salzige Wasserpfütze. Es gibt aber auch Legenden von Wiedergängern, die nach ihrem Tod keine Ruhe finden, weil sie im Leben eine wichtige Sache nicht haben erledigen können oder eine Sünde begangen haben. Das Wort *gonger* kommt vom friesischen *gunge* für „gehen".

Richtige Antwort Frage 36: d.

Alljährlich in der sommerlichen Urlaubssaison Anfang August ziehen die Hafentage viele Menschen nach Husum. Zahlreiche Veranstaltungen finden rings um den Hafen statt. Höhepunkte sind der Kutterkorso und das Tauziehen über das Hafenbecken, bei dem sich die Verlierer ins salzige Nass begeben müssen. Aber auch die anderen drei genannten Veranstaltungen gehören zum Kulturprogramm der nordfriesischen Kreisstadt.

37

Wer verdiente sein Geld mit *wringeln*?

a. Korbmacher

b. Reetdachdecker

c. Schiffskoch

d. Wärter einer Vogelkoje

38

Welche Bezeichnung für einen Pfad beziehungsweise Weg findet sich in vielen friesischen Straßennamen?

a. stich

b. guard

c. wel

d. tuun

Richtige Antwort Frage 37: d.

Wringeln bedeutet „Halsumdrehen". Viele Tausend Enten fanden auf diese Weise in den nordfriesischen Vogelkojen ihren Tod. Seit dem 18. Jahrhundert wurden diese Fangeinrichtungen für Vögel nach niederländischem Vorbild gebaut. Die Tiere wurden auf einen Teich und von dort aus in Fangpfeifen gelockt. Hier beförderte sie der Kojenwärter durch das *wringeln* schnell ins Jenseits. Vogelkojen gibt es in Nordfriesland auf Sylt, Amrum, Föhr, Pellworm und Nordstrand. In Betrieb sind noch Vogelkojen auf Föhr.

Richtige Antwort Frage 38: a.

Ein *stich* ist ein Pfad, Feldweg oder auch die Dorfstraße. *Stich,* das in beinahe jeder nordfriesischen Mundart vorkommt, leitet sich ab vom altfriesischen Wort *stîge* und bedeutet wörtlich „Steig". Es gibt zum Beispiel den *Nei stich,* den „Neuen Weg" auf Amrum. Der Föhrer und Amrumer *guard* ist der Garten, das *wel* das Fahrrad und der *tuun* die Hecke.

39

Auf *Facebook* habe ich viele ...

a. tiiwe

b. näiberne

c. waane

d. fiinde

40

Wieso gibt es in Nordfriesland „sprechende Steine“?

a. Weil Nordfriesen lieber mit Steinen als mit Menschen sprechen.

b. Weil es Steine mit integrierter Audio-Funktion gibt.

c. Weil es Grabsteine gibt, die vom Leben der Verstorbenen erzählen.

d. Weil es einer Legende nach Steine gibt, die nachts zu sprechen anfangen.

Richtige Antwort Frage 39: c.

Mit dem festlandsfriesischen Wort *waane* bezeichnet man einen Freund. Das Substantiv *waane* steht in Verbindung mit dem lateinischen Wort „Venus" für die Göttin der Liebe, der Schönheit und der Erotik. *Waane* hat also mit Liebe und Zuneigung zu tun. Die dänische Entsprechung ist *ven*, „Freund". Dagegen sind *tiiwe* Diebe, *näiberne* Nachbarn und *fiinde* Feinde.

Richtige Antwort Frage 40: c.

Die „sprechenden" oder „redenden Steine" findet man auf den Kirchhöfen der Inseln Amrum, Föhr und Sylt. Ihre Inschriften erzählen vom Leben der Verstorbenen. Diese sind zumeist Seefahrer gewesen, und ihre Lebensläufe, von Schiffsdarstellungen, Bibelzitaten oder Symbolen ergänzt, wurden in die Grabsteine gemeißelt.

MOIN!

Redende Steine erzählen von der Geschichte der Friesen

Rörd Peters ist „19 Jahr als Commandeur von Hamburg nach Grönland unter vielem Segen gefahren". Anna Tückes litt „das harte Schicksal, daß ihr Ehemann durch ungeheure Wellen aus seinem Schiffe geschlagen ward". Nickels Nahmens hatte „das seltene Glück, 4 Reisen als Capitän ein Schiff von Amsterdam nach Batavia und China zu führen".

Das sind nur drei Beispiele für mehrere Hundert friesische Schicksale, von denen die einzigartigen „redenden Steine" auf den Kirchhöfen von Amrum, Föhr und Sylt erzählen. Diese manchmal fast mannshohen Stelen sind für Nordfriesland markante Denkmäler und für ganz Deutschland herausragende Zeugnisse der Sakralkultur. Sie sind in Stein gemeißelte Geschichte(n). Die Inschriften mit dem krönenden Bildaufsatz, die Ornamente, Symbole, Embleme und allegorischen Anspielungen machen sie zu großartigen Kunstwerken des Barock.

Als Bildschmuck finden wir Mühlen als Zeichen des Berufes, Totenschädel, eine geflügelte Sanduhr als Sinnbild der dahineilenden Zeit, von Pfeilen durchbohrte Herzen, christliche

„Redende Steine“ auf dem Friedhof der Kirche St. Clemens von Nebel auf Amrum erzählen vom Leben der hier begrabenen Seefahrer.

Symbole wie Kreuz, Herz und Anker für Glaube, Liebe und Hoffnung. Auf Föhr und Amrum werden besonders häufig Schiffe abgebildet. „Mit vollen Segeln ausgespannt / Reis ich ins ewige Vaterland“, steht auf einem Amrumer Grabstein von 1792. Die Schiffe führen uns die außergewöhnliche Bedeutung der Seefahrt für die friesischen Inseln vor Augen.
Doch die Steine berichten auch von Gefahren, von Leid und Last, von Unfällen, Krankheiten, Piratenangriffen. Aus fast jeder Familie blieben im Laufe der Zeit Vater, Ehemann, Bruder auf See. Spektakulär, geradezu filmreif ist die Geschichte des Hark Olufs. 1724 fällt er als 15-jähriger Matrose Kaperern in die Hände und wird auf dem Sklavenmarkt in Algier verkauft. In Diensten des Beys von Constantine bringt er es bis zum Oberbefehlshaber der Kavallerie. Mit 27 kehrt er nach Amrum zurück, bestaunt von seinen Landsleuten. Selbst der dänische König Christian VI. lässt sich von ihm seine Geschichte erzählen. Seine *Avantures* erscheinen 1747 als Buch. Auf seinem Grabstein heißt es: „Hier liegt der große Kriegesheld / Ruht sanft auf AMROMS Christen Feld.“
Die meisten Steine sind auf Niederdeutsch oder auf Hochdeutsch beschriftet. Man richtete sich nach der herrschenden Kirchensprache. Erst in jüngerer Zeit sind einzelne Grabsteine mit friesischen Inschriften versehen worden. Eine Besonderheit der „redenden Steine“ beschreiben wir hier auf Föhrer Friesisch. Können Sie verstehen, worum es geht?

Der Grabstein von Ocke Hinrich Flor auf dem Friedhof von St. Laurentii in Süderende auf Föhr ist besonders farbenprächtig gestaltet.

Dieser Grabstein auf dem Friedhof von St. Johannes in Nieblum auf Föhr zeigt Kreuz, Herz und Anker als Symbole für Glaube, Liebe und Hoffnung.

Üüb Feer an Oomrem kön ham üüb dön likstianer uk en bilj finj, wat ham nochhuaren ölers fant, en straus ruusen. Hi bestäänt miast ütj tau slacher ruusen an as uun lachts an rochts apdiald. Dön ruusen üüb a lachter eeg stun för dön maaner an dönen üüb a rochter för dön wüfen uun a familje. Dön tau grat ruusen uun a maden stel dön aalern diar. Do fulge dönen för a jongen, faan a äälsten bit deel tu a jongsten. So kön ham gliks sä, hüföl dringer an foomnen en familje hed. Dön ufknikt ruusen wise uun, hoker faan a familje ei muar lewet, üüs de likstian apstääld wurd.

„Auf Föhr und Amrum kann man auf den Grabsteinen auch ein Bild finden, das man nirgendwo anders findet, einen Strauß Blumen. Er besteht meistens aus zwei Arten Blumen und ist in rechts und links aufgeteilt. Die Blumen auf der linken Seite stehen für die Männer und die auf der rechten für die Frauen der Familie. Die beiden großen Blumen in der Mitte stellen die Eltern dar. Dann folgen diejenigen für die Kinder, von den ältesten bis hinunter zu den jüngsten. So kann man gleich sehen, wie viele Söhne und Töchter eine Familie hatte. Die abgeknickten Blumen zeigen an, wer aus der Familie nicht mehr lebte, als der Stein aufgestellt wurde.“

Die friesische Tradition der Grabsteine erlebt in der Gegenwart eine Renaissance.

41

Was bedeutet das Wort *jarn*?

a. Garn

b. Garten

c. Ecke

d. Zaun

42

Welches war die Muttersprache des bekannten Kinderbuchautors James Krüss?

a. Fering

b. Sölring

c. Öömrang

d. Halunder

Richtige Antwort Frage 41: c.

Das Wort *jarn*, das man in der Gegend um Niebüll kennt, bedeutet „Ecke". Es heißt im Friesischen an der dänischen Grenze *hörn* und kommt so dem deutschen Verwandten schon näher. Beide friesischen Wörter stammen nämlich ab vom altfriesischen Wort *horn*. Und führt man sich solch ein Horn einmal bildlich vor Augen, so fällt die spitze Form auf, die das Horn und die Ecke gemeinsam haben.

Richtige Antwort Frage 42: d.

Der gebürtige Helgoländer James Krüss, dessen Bücher vor allem bei Kindern sehr beliebt sind, sprach von Haus aus *Halunder*, das Friesisch von Helgoland. Krüss verfasste die meisten seiner Werke auf Hochdeutsch, manches aber auch auf Friesisch, zum Beispiel das Gedicht *De potsi Man*, „Der seltsame Mann". *Fering* ist Föhrer Friesisch, *Sölring* das Friesisch von Sylt und *Öömrang* das von Amrum.

43

Wie viele Ortsnamen, die auf *-büll* enden, gibt es in Nordfriesland?

a. 5–10

b. 11–20

c. 21–50

d. über 50

44

Jungs sind alle doof, ich spiele lieber mit einem ...

a. Faamen

b. Dreeng

c. Ualbab

d. Mooter

Richtige Antwort Frage 43: d.

Mit der Silbe *-büll* enden auf dem nordfriesischen Festland zahlreiche Ortsnamen. Sie weist auf eine Gründung durch Friesen hin. Das Wort stammt allerdings aus dem Altdänischen und bedeutet „Siedlung". Dagebüll ist „Dagos Siedlung", Kotzenbüll in Eiderstedt die „Siedlung des Kotzo". In der Gemeinde Achtrup gibt es sogar Büllsbüll. Der seltsam anmutende Ortsname bedeutet wohl „Siedlung des Bölle".

Richtige Antwort Frage 44: a.

Als *Faamen* bezeichnet man auf Sylt ein Mädchen. Das Wort kommt in ganz Nordfriesland vor. Auf Föhr und Amrum sowie auf dem Festland sagt man beispielsweise *foomen*. Das Wort stammt ab vom altfriesischen Wort *fâmne*. Der *Dreeng* ist auf Sylt der Junge, der *Ualbab* der Großvater, und die *Mooter* ist die Mutter.

45

Aus welcher Sprache stammt die Bezeichnung „Alkoven“ für Wandbetten?

a. Friesisch

b. Niederländisch

c. Arabisch

d. Französisch

46

Wohin befördert man seinen Abfall auf Amrum und Föhr? In den ...

a. guarddör

b. klomppöös

c. kluaderkast

d. gaabitsch

Richtige Antwort Frage 45: c.

Aus der arabischen Bezeichnung *el kobbah* für das Zelt, die Kuppel oder das Gemach leitet sich das Wort „Alkoven" ab. Auch in alten friesischen Häusern trifft man die relativ kleinen Schlafkästen an. Sie sind in die Wände zwischen den Zimmern eingelassen und mit Türen oder Vorhängen versehen. Reichte die Länge des Alkovens nicht aus, ruhte man halb aufgerichtet mit mehreren Kissen im Rücken. Die Eltern schliefen zumeist in der Wohnstube, Kinder und Gesinde auf der Diele oder in der Kammer.

Richtige Antwort Frage 46: d.

Im 19. und 20. Jahrhundert wanderten zahlreiche Nordfriesen nach Amerika aus. Die meisten Föhrer und Amrumer haben Verwandte in Übersee. Ein Wort wie *gaabitsch* für „Abfalleimer" zeugt von dieser engen Verbindung zwischen Amerika und den Nordfriesischen Inseln. Im Englischen heißt *garbage* so viel wie „Müll" oder „Abfall", und die Aussprache ähnelt dem Wort *gaabitsch.* Die *guarddör* ist die Gartentür, die *klomppöös* der Mehlbeutel und die *kluaderkast* die Kleidertruhe.

Friesen in der Neuen Welt

„... und kehren nimmer wieder, als hätten sie nie eine Heimath, nie eine Mutter gehabt." Das schrieb in der Mitte des 19. Jahrhunderts der Amrumer Friese Knut Jungbohn Clement über die vielen seiner Landsleute, die ihre Heimat für immer verließen. Das Auswanderer-Archiv Nordfriesland des *Nordfriisk Instituuts* in Bredstedt erforscht und dokumentiert dieses faszinierende Thema, das von der Verbindung der kleinen mit der großen Welt handelt. Schon im 17. Jahrhundert fuhren Nordfriesen über den Atlantik. Sie gehörten damals zu den ersten Einwohnern von Neu-Amsterdam, dem heutigen New York. Besonders viele Nordfriesen wanderten im 19. Jahrhundert und in der Zeit nach den Weltkriegen nach Amerika aus. Die wirtschaftliche Not trieb sie fort. Die Dreschmaschine etwa machte in der zweiten Hälfte des 19. Jahrhunderts viele Arbeitskräfte in der Landwirtschaft überflüssig. Die Eisenbahn brachte billige Industrieprodukte ins Land, traditionelle Handwerksberufe starben aus. Auf den Inseln waren Walfang und Seefahrt stark zurückgegangen. Politische Gründe kamen hinzu, zunächst die dänische Unterdrückungspolitik nach 1850, dann die Einverleibung in Preußen mit dem gefürchteten Militärdienst. Neben diesen *push*-Faktoren, wie sie in der Forschung genannt werden, sind *pull*-Elemente zu nennen: Amerika galt als Land der Freiheit und der unbegrenzten Möglichkeiten. Angelockt wurden viele durch die manchmal übertrieben positiv gefärbten Berichte von Angehörigen, die von freier Landnahme im weiten Westen der USA schwärmten.

Die Überfahrt war beschwerlich. Segelschiffe benötigten von Hamburg aus rund sechs Wochen bis New York, Dampfschiffe ab 1880 noch etwa 14 Tage. Nicht alle erreichten glücklich ihr Ziel, das Auswandererschiff „Cimbria" kollidierte 1883 vor Borkum mit einem britischen Frachter, 437 Menschen, darunter drei aus Hattstedt in Nordfriesland, ertranken.

Viele Auswanderer konnten sich den Traum vom eigenen Besitz oder einer selbstständigen Existenz erfüllen. Die Karriere „vom Tellerwäscher zum Millionär" gelang aber nur den wenigsten. Eine solche Ausnahme bildet der aus Husum stammende Ludwig Nissen (1855–1924), der mit einem Juwelengeschäft in New York reich wurde. Er schenkte seiner Vaterstadt ein Museum, das Nissenhaus.

Aus fast jedem nordfriesischen Dorf wanderten Menschen nach Übersee aus, besonders von den Inseln Föhr und Amrum. In New York besteht nach wie vor ein friesischer Verein.

47

Wer *kaluun* hat, ist …

a. **kränklich**

b. **energiegeladen**

c. **wütend**

d. **traurig**

48

Was hat der Urlauber vor, wenn er um die Amrumer Odde laufen will?

a. **Er läuft um den Leuchtturm herum.**

b. **Er umrundet den breiten Kniepsand.**

c. **Er dreht eine Runde um die Nordspitze der Insel.**

d. **Er wandert einmal um die Insel.**

Richtige Antwort Frage 47: b.

Das Wort *kaluun*, das es in sämtlichen nordfriesischen Mundarten gibt, bezeichnet Mut, Lebensfreude und Energie. Das Wort ist verwandt mit dem niederdeutschen *Kaldunen*, das für die menschlichen Eingeweide steht. Im Englischen heißt der Dickdarm *colon*, die Eingeweide nennt man *guts*, was umgangssprachlich auch für „Mut“ oder „Mumm“ verwendet wird. So wird der Zusammenhang zwischen dem menschlichen Befinden und dem Zustand der Verdauungsorgane hergestellt.

Richtige Antwort Frage 48: c.

Als „Odde“ bezeichnet man einen Landvorsprung beziehungsweise eine Landzunge. Die Nordspitze von Amrum ist die Amrum-Odde, die Südspitze von Sylt die Hörnum-Odde und die Ostspitze von Sylt die Morsum-Odde. Das Wort stammt aus dem Dänischen. Die Nordspitze Dänemarks heißt dementsprechend „Skagen-Odde“.

Die Amrum-Odde, der nordöstlichste Teil der Insel Amrum, ist zwei Kilometer lang und durchschnittlich 150 bis 200 Meter breit.

49

Wie nennt man einen von der Mutter verlassenen jungen Seehund?

a. **Heuler**

b. **Quengler**

c. **Brüller**

d. **Schreier**

50

Wenn jemand *gurtem* spricht, dann redet er ...

a. **schnell**

b. **langsam**

c. **laut**

d. **leise**

Richtige Antwort Frage 49: a.

Die typischen Ruflaute des jungen Seehundes haben zu der Bezeichnung „Heuler“ geführt. Die Trennung von der Mutter kann verschiedene Ursachen haben, zum Beispiel Stürme, in denen das Muttertier ihr Junges verliert. Aber nicht jeder Seehund, der bitterlich heult, wurde von seiner Mutter endgültig verlassen. Verwaiste Seehundkinder sollte man niemals anfassen oder beunruhigen, sondern man sollte besser Abstand halten und die Polizei oder zum Beispiel die Schutzstation Wattenmeer benachrichtigen.

Richtige Antwort Frage 50: c.

Das friesische Wort *gurtem,* das man auf Sylt kennt, entstammt ursprünglich einer Kombination aus zwei Wörtern, *gurt* und *Stem*: *gurt* bedeutet „groß“ und *Stem* „Stimme“. Und wer mit einer „großen Stimme“ spricht, der spricht „laut“. Das Gegenstück zu *gurtem* ist *litjem,* „leise“. Diese Wortbildung findet sich in fast allen nordfriesischen Dialekten.

51

Welche Hallig gibt es nicht?

a. **Norderoog**

b. **Süderoog**

c. **Nordfall**

d. **Südfall**

52

Was nimmt der Helgoländer zur Hand, wenn er *Undjikolunji* benutzen möchte?

a. **eine Putzbürste**

b. **einen Staubsauger**

c. **eine Pfeife**

d. **ein Duftwasser**

Richtige Antwort Frage 51: c.

Die Halligen Norderoog, Süderoog und Südfall liegen in einem Kranz um die Insel Pellworm herum.

Die Endung *-oog* bedeutet wie das dänische *ø* „Insel". Norderoog ist also wörtlich die nördliche Insel und Süderoog die südliche. Bei Südfall weist die Endung *-fall* wohl auf ein Riff hin, das durch den Fall des Sandes oder des Schlicks entstanden ist. Theoretisch hätte dies auch nördlich von Pellworm geschehen können, aber da das nicht der Fall ist, gibt es keine Hallig Nordfall.

Richtige Antwort Frage 52: d.

Das friesische Wort *Undjikolunji* bezeichnet auf Helgoland das bekannte „Eau de Cologne", das Kölnischwasser. Auf Föhr und Amrum kennt man es unter dem Namen *onjekolonje.* Im Friesischen finden sich noch einige andere Wörter, die aus dem Französischen entlehnt wurden und vielleicht nicht auf den ersten Blick aussehen wie ihre Verwandten; der Polizist ist auf Helgoland der *Schandarm,* die Farbe im Sinne eines Farbtons ist die *Kleer*. Vergleicht man diese Wörter mit den französischen Wörtern *gendarme* („Polizist") und *couleur* („Farbe"), dann fallen die Ähnlichkeiten spätestens beim lauten Vorlesen auf.

Die „Lange Anna“, der frei stehende Felsen vorn im Bild, ist das Symbol von Helgoland, Deutschlands einziger Hochseeinsel.

Die Düne von Helgoland – hier der Blick auf den Leuchtturm – wurde 1720/21 bei einer Sturmflut von der Hauptinsel getrennt.

Friesen auf dem roten Felsen

Helgoland, der Fels weit draußen in der Deutschen Bucht, hat von jeher viele Menschen fasziniert. Der Schriftsteller Eduard Boas schrieb 1847: „Es weht etwas Wunderbares, ein geheimnißvoller Reiz um dies abgeschiedene Eiland, um seine Natur und Geschichte, um seine Gegenwart und Zukunft. Man wird davon ergriffen, sobald man den Boden der Insel betreten hat."

Die friesische Insel liegt rund 50 Kilometer von der nächsten Küste entfernt. Nach keiner Seite hin ist Land in Sicht. Ein vollkommenes Inselgefühl stellt sich ein. Diese isolierte Lage des roten Felsens und der weißen Düne hat zu einem stark ausgeprägten Eigenständigkeitsgefühl bei den Helgoländern geführt. In ihrer friesischen Sprache ist ihre Insel „das Land" schlechthin: *deät Lun*.

Vor etwa 50 Millionen Jahren wurde der Buntsandstein an die Oberfläche gepresst. Der schräg liegende Felsen ist ein aufgeschlagenes Buch der Erdgeschichte. Die ständig nagende See veränderte die Gestalt der Inselküste. Dies symbolisiert die „Lange Anna" an der Nordwestspitze, ein 62 Meter aufragender frei stehender Felsen, den die Nordsee von der Hauptinsel ablöste. Helgoland gliedert sich in das Oberland und das Unterland – *boppen en bedeeln* sagt man auf Helgoländisch. Auf dem Felsen leben knapp 1 400 Menschen. Die unbewohnte Düne liegt heute über einen Kilometer vom Unterland entfernt. Einst war sie mit dem Felsen verbunden. Aber ein Sturm in der Silvesternacht 1720/21 durchtrennte die Landverbindung.

Die im Nebel liegende Frühgeschichte hat immer wieder die Fantasie beflügelt – und auch zu Fantasterei geführt. Mancher lokalisierte bei Helgoland sogar das sagenhafte Atlantis. In der nationalsozialistischen Ideologie wurde hieraus die Urheimat der nordischen Arier, die den südlichen Völkern erst die wahre Kultur bescherten.

Die Existenzgrundlage der Helgoländer bildete von jeher das Meer mit Fischfang und Schifffahrt. „Die Natur, die uns mitten in's Meer gesetzt hatte, hatte uns nichts anderes angewiesen, als vom Meer und von dem, was dieses uns giebt, zu leben“, schrieb der Kapitän Hans Frank Heikens (1780–1862).

Wohl spätestens um das Jahr 700 setzten sich Friesen auf der Felseninsel fest. Seitdem wird auf Helgoland Friesisch gesprochen. Das *Halunder* gehört zum Nordfriesischen; verwaltet wird die Insel heute allerdings vom Kreis Pinneberg. Schon um 1850 hieß es: „Helgoland ist gewiß eins der kleinsten Sprachgebiete der Erde.“ Und: „Die alte Sprache stirbt bereits.“

Wohl spätestens um das Jahr 700 siedelten Friesen auf Helgoland. Dieses Foto, das von einem der Pioniere der Schwarz-Weiß-Fotografie, dem Helgoländer Hans Schensky (1871–1957), gemacht wurde, entstand 1940.

Sie hat sich als erstaunlich lebensfähig erwiesen, obwohl Helgoland von 1807 bis 1890 eine Kolonie des britischen Königreichs war und die Helgoländer als Folge der Weltkriege zweimal für mehrere Jahre evakuiert werden mussten – nach dem Zweiten Weltkrieg konnten die Insulaner erst 1952 zurückkehren, da Helgoland militärisches Sperrgebiet war und der britischen Armee als Bombenabwurfsplatz diente.

Knapp ein Drittel der Einwohnerschaft spricht heute Friesisch. Für die Friesen in Nord-, Ost- und Westfriesland hat die Insel besondere Bedeutung. Alle drei Jahre kommen sie hier zu einem großen Treffen zusammen.

53

Manche Sportvereine in Nordfriesland heißen „Frisia“. Was bedeutet dieses Wort?

a. Frischauf

b. Freiheit

c. Friesland

d. Frohsinn

54

Wer *ütj a feen* ist, der ist sprichwörtlich ...

a. verrückt geworden

b. fremdgegangen

c. aus dem Gefängnis geflohen

d. von zu Hause weggelaufen

Richtige Antwort Frage 53: c.

Sportvereine namens „Frisia" wurden zum Beispiel in Lindholm und Husum gegründet. Es handelt sich um die lateinische Bezeichnung für Friesland, die sich zum Beispiel beim römischen Geschichtsschreiber Tacitus (58–120 n. Chr.) findet. Bekannt, aber nicht genau zu belegen ist auch der Ausspruch *Frisia non cantat* – „Friesland singt nicht". Über das sportliche Vermögen der Friesen liest man bei den lateinischen Autoren nichts.

Richtige Antwort Frage 54: b.

Wenn ein Tier auf Föhr *ütj a feen* ist, dann ist es „aus der Fenne", aus der Weide ausgebrochen. Das lässt sich übertragen auf eine Liebesbeziehung. Derjenige, der aus einer Ehe ausbricht, der geht fremd. Die Bezeichung „Fenne" kennt man auch in Ostfriesland für niedriges Weideland mit moorigem Untergrund.

55

Welche Vorrichtung in der nordfriesischen Landschaft nennt man „Stöpe"?

a. **Schranke am Bahnübergang**

b. **Windmühle**

c. **Mast zum Flaggenhissen**

d. **verschließbarer Durchlass im Deich**

56

Bringen Sie folgende Zahlwörter in die richtige Reihenfolge, beginnend mit dem niedrigsten Wert:

a. **twuntig**

b. **achtain**

c. **twelev**

d. **tiin**

Richtige Antwort Frage 55: d.

Eine Stöpe ist ein verschließbarer Durchlass in einem Deich, damit man problemlos von einem Koog in einen anderen fahren kann. Bei einer drohenden Sturmflut wird sie mit Holzbohlen und Sandsäcken verschlossen. Stöpen befinden sich zumeist in der zweiten Deichlinie. Im Seedeich sind sie manchmal notwendig, um einen Hafen für den Verkehr zu erschließen, wie etwa in Dagebüll und in Wyk auf Föhr. Das Wort erinnert an das deutsche Wort „stopfen".

Richtige Reihenfolge Frage 56: d. c. b. a.

Diese Sylter Zahlwörter werden folgendermaßen angeordnet: *tiin* („zehn") – *twelev* („zwölf") – *achtain* („achtzehn") – *twuntig* („zwanzig").

57

Welche Eigenschaften verbindet man mit einem *pinswin*?

a. **Man kann sein Geld hineinwerfen.**

b. **Es kann fliegen.**

c. **Es hilft im Haushalt.**

d. **Es hat Stacheln.**

58

Was sammelt sich in einem Fething?

a. **Tiermist**

b. **Regenwasser**

c. **Müll**

d. **Fallobst**

Richtige Antwort Frage 57: d.

Das Wort *pinswin* für „Igel“ kennt man auf Föhr und Amrum und auf dem Festland. Im Altsächsischen steht *pinn* für eine Spitze, einen Pflock oder einen Stift. Im heutigen Hochdeutsch kennt man „Pin“ vor allem für die Reißzwecke, die man an die „Pinnwand“ steckt, oder für eine Anstecknadel. In der Bedeutung eines spitzen Gegenstandes kann man auch das *pin-* in *pinswin* deuten. *Swin* heißt „Schwein“, sodass es sich bei einem *pinswin* im wörtlichen Sinne um ein „Pikser-Schwein“ handelt.

Richtige Antwort Frage 58: b.

Im Fething wurde auf den Warften in der Marsch Regenwasser für das Vieh gesammelt. Das Wort ist mit dem deutschen „fassen“ verwandt. Auf den Halligen war der Fething ein zentrales Element der Wasserversorgung. Trinkwasser für die Menschen wurde bei jedem Haus im „Sood“, einer Zisterne, gesammelt.

In einem Fething wie hier auf der Hallig Oland wurde Regenwasser für das Vieh gesammelt.

Weltweit einmalig – die Halligen

Halligen gibt es nur in Nordfriesland. Was unterscheidet sie von „normalen" Inseln? Diese kleinen und kleinsten Eilande sind nicht von Landesschutzdeichen, sondern, wenn überhaupt, nur von niedrigen sogenannten Sommerdeichen umgeben. Bei Sturmfluten werden sie überschwemmt. Nur die Warften mit den Wohnhäusern ragen bei „Landunter" aus der Wasserfläche heraus. Schon der römische Autor Plinius berichtete, wenn auch im Hinblick auf die südliche Nordseeküste, die Bewohner hätten diese Erdhügel „von Menschenhänden aufgeworfen, darauf sind ihre Hütten gesetzt; Schifffahrern gleichen sie, wenn die Wasser die Umgebung bedecken".

Acht der zehn heutigen Halligen entstanden nach der *Mandränke* von 1362. Die beiden größten sind Langeneß und Hooge, sodann Gröde, Oland, Südfall, Süderoog, Norderoog und als kleinste, mit nur sechs Hektar, Habel. Die Hamburger Hallig und Nordstrandischmoor bilden Reste der 1634 zerstörten Insel Alt-Nordstrand. Ehemalige Halligen wie Ockholm, Fahretoft, Dagebüll oder Pohnshallig wurden durch Landgewinnung zu Kögen, andere hat die Nordsee auf natürliche Weise abgetragen. Bei der katastrophalen „Halligenflut“ 1825 ertranken 74 Menschen. Damals besuchte der dänische König Friedrich VI. Hooge. Die Stube, in der er nächtigte, trägt seither den Namen „Königspesel“.

Die Abbruchkanten der Halligufer wurden ab den 1890er-Jahren mit Steinen befestigt. Die kleinen Eilande dienen so als Wellenbrecher für das Festland. Die Hamburger Hallig, Nordstrandischmoor, Oland und Langeneß wurden durch Dämme zum Festland stabilisiert. Die Halligbewohner befahren sie mit eigenen Loren, früher mit Segeln betrieben. Legendär wurde „Käptn Magda“ (Matthiesen), die bis 1968 auf dem Damm zwischen Oland und Dagebüll segelte. Blies der Wind ungünstig, mussten ihre Fahrgäste mitschieben. Die meisten Halligen kann man außer mit dem Schiff zu Fuß über das Watt erreichen. Man sollte aber nie auf eigene Faust losgehen.

Auf rund 30 Warften leben heute etwa 225 Menschen. Viele sind beim Landesbetrieb für Küstenschutz, Nationalpark und Meeresschutz (LKN) beschäftigt. Junge Menschen auf den Halligen zu halten ist ein Problem der Gegenwart. In den Sommermonaten kommen zahlreiche Tagesgäste. Jährlich werden 60 000 Übernachtungen gezählt. Jedes fünfte Haus auf den größeren Halligen gehört Auswärtigen.

Halligfriesisch wird nur von wenigen gesprochen. Eigentümlicherweise gehört es, bedingt

Die nordfriesischen Halligen sind weltweit einzigartig. Nur die Warften mit den Wohnhäusern ragen bei Sturmflut aus dem Meer.

durch die Landschaftsgeschichte, zum Festlandsfriesischen. Das Wort „Hallig" ist wohl von *hal* oder *hol* abgeleitet und bedeutet „niedriges Land", ähnlich wie bei Holland. Manche Wörter wie „Fething" (Becken für Regenwasser) oder „Ditten" (Heizmaterial) gibt es fast nur auf den Halligen. „Knerken" heißen haltbare Kekse, für die jeder Haushalt sein eigenes Rezept hütet. Werden sie angeboten, sollte man zugreifen!

59

Wie erhielt die Hamburger Hallig ihren Namen?

a. **Sie war früher verwaltungsrechtlich ein Teil Hamburgs.**

b. **Sie gehörte einer Hamburger Familie.**

c. **Der frühere Besitzer hieß „Hamburger“.**

d. **Von hier fuhr früher täglich ein Schiff nach Hamburg.**

60

Wie ist jemand, der *slükuaret* dreinschaut?

a. **mutlos oder beschämt**

b. **mutig oder stolz**

c. **ängstlich oder nervös**

d. **gleichgültig oder gelangweilt**

Richtige Antwort Frage 59: b.

Die Hallig gehörte der Hamburger Kaufmannsfamilie Amsinck, an die noch heute eine der Hauptstraßen in der Hansestadt erinnert. Die Gebrüder Rudolf und Arnold Amsinck ließen 1624–28 Vorland der Insel Alt-Nordstrand eindeichen. Die Flutkatastrophe von 1634 und weitere Sturmfluten machten aus dem Koog eine Hallig. Sie ist durch einen Damm – auf dem keine Loren, sondern Fahrräder und Autos verkehren – und durch ausgedehntes Vorland mit dem Festland verbunden.

Richtige Antwort Frage 60: a.

Das friesische Wort *slükuaret* wird auf Föhr gesagt und bedeutet so viel wie „hängeohrig“. Es steht metaphorisch für eine mutlos oder beschämt wirkende Körperhaltung. Das Wort *slük* heißt „schleichen“, eine Fortbewegungsart, die ebenfalls in gebückter Haltung ausgeführt wird.

61

Was war oder ist Rungholt?

a. **eine Legende**

b. **ein Kontinent**

c. **ein Ort**

d. **eine Person**

62

Das Wort *san* hat auf dem nordfriesischen Festland mehrere Bedeutungen. Es kann heißen:

a. **Sahne, Sohn, Senke**

b. **Sonne, Sinn, sind**

c. **Sandale, Gesang, senden**

d. **Sense, sondern, singen**

Richtige Antwort Frage 61: c.

Das sagenumwobene Rungholt war ein bei der heutigen Hallig Südfall gelegener Marschenort, der bei der schweren Sturmflut (*Mandränke*) 1362 zerstört wurde. Um ihn ranken sich Sagen, Legenden und Balladen, die aus der bäuerlichen Siedlung eine fantastisch reiche Stadt voller Prunk und Gottlosigkeit machten.

Richtige Antwort Frage 62: b.

Die Sonne, den Sinn und die dritte Person Plural im Präsens des Verbs „sein“ nennt man im Friesischen auf dem Festland allesamt *san* – genauso auch auf Föhr und Amrum. Im Vergleich zwischen den deutschen Wörtern „Sinn“ und „sind“ mit dem friesischen *san* lässt sich gut die Entwicklung eines kurzen i-Lautes erklären, der sich im Friesischen zu einem kurzen *a* gewandelt hat.

63

Wer hat die Chance, *Ständjmun* zu werden?

a. **ein Segler**

b. **ein Springreiter**

c. **ein Boxer**

d. **ein Triathlet**

64

Welches Zimmer im Haus bezeichnet man als *dörnsk*?

a. **Wohnzimmer**

b. **Schlafzimmer**

c. **Küche**

d. **Badezimmer**

Richtige Antwort Frage 63: d.

Jeden Sommer wird im Herrenkoog bei Risum-Lindholm der sogenannte *Stäljmun* (wörtlich „Eisen-“ oder „Stahlmann“) ausgetragen. Drei Freunde begründeten diesen Triathlon-Wettbewerb im Jahr 1991 und benannten ihn nach dem berühmten *Ironman*, der offiziellen Triathlon-Weltmeisterschaft auf Hawaii. Aus einem kleinen Wettkampf mit damals nur 19 Startern entwickelte sich eine beliebte Großveranstaltung, an der heute über 1 000 Menschen teilnehmen. Für die „Jedermann-Distanz“ gilt es, 500 Meter zu schwimmen, 24 Kilometer Rad zu fahren und fünf Kilometer zu laufen.

Richtige Antwort Frage 64: a.

Die *dörnsk*, wie sie auf Föhr und Amrum heißt, beziehungsweise die *dörnsch* aus der Gegend um Niebüll ist die Wohnstube in einem nordfriesischen Haus. Das Sylter Friesisch tanzt dabei ganz aus der Reihe, hier heißt sie *Kööv*. Die nicht beheizbare „beste Stube“ des friesischen Hauses wird *piisel* („Pesel“) genannt.

In *Dörnsch* und *Pesel* – friesische Häuser

Die Kultur der Friesen spiegelt sich in den verschiedenen Formen von Häusern der Bauern und Seefahrer. Gebäude sind gebaute Geschichte. Auch in dieser Hinsicht weist Nordfriesland von allen Landschaften in Deutschland die größte Vielfalt auf. Hier treffen unterschiedliche Grundformen zusammen. Verschiedene Kulturen begegneten sich: Friesisch, Dänisch, Deutsch und Niederländisch. Bei allen Unterschieden zeigen sich Gemeinsamkeiten insbesondere in den einheimischen Baumaterialien: Tonziegel, Reet und Holz. Beispielsweise in Keitum auf Sylt, Nebel auf Amrum, Nieblum auf Föhr und in Waygaard, Ockholm oder Langenhorn auf dem Festland finden sich viele auffallend hübsche alte Häuser.
Die meisten traditionellen Häuser in Nordfriesland sind „Langhäuser". Eine Querdiele, zumeist hinter einem Giebel, trennt Wohn- und Wirtschaftsteil. Zwei Formen sind zu unterscheiden. Beim utlandfriesischen Haus wird das Dach von einem Ständergerüst getragen. Wurden die Außenwände bei einer Sturmflut beschädigt oder gar fortgespült, so blieb das innere, tragende Holzgerüst stehen.

Beim Geesthardenhaus – auch schleswigsches, jütisches oder kimbrisches Haus genannt – tragen die Wände die Dachlast.
Das tägliche Leben spielte sich in der Küche oder in der *Döns* ab, je nach friesischer Sprachform auch *dörnsk, dörnsch* oder *Kööv* genannt. Den Raum beheizte man von der Küche aus über einen *Bilegger*. Das niederdeutsche Wort *bileggen* heißt „beilegen", „nachheizen". Dagegen war die beste Stube des Hauses, der *Pesel* (friesisch: *piisel*), zumeist nicht beheizbar. Ihn nutzte man nur zu besonderen Anlässen, für Feste und Besuche, aber auch zur Aufbahrung von Toten, ansonsten diente er als Abstellkammer.
Zu den imposantesten Bauernhäusern der Welt zählen die *Haubarge*, unter deren hohen Reetdächern das „Heu geborgen" wird, worauf der plattdeutsche Name hinweist. Von wenigen Ausnahmen abgesehen, gibt es sie heute nur auf der Halbinsel Eiderstedt. In der flachen Landschaft ragen sie fast wie Pyramiden auf. Zuwanderer aus Nordholland brachten das Konstruktionsprinzip um 1600 mit nach Eiderstedt. Das Niederdeutsche Hallenhaus, die in ganz Norddeutschland ansonsten bestimmende Hausform, findet sich nur im Südosten des Kreises Nordfriesland. In diesem „Einhaus" sind Wohnung, Stallraum und Erntelager in einem großen Hauskörper zusammengefasst.
Die traditionelle nordfriesische Hauslandschaft hat im Zuge von Modernisierung und

Die gute Stube im Friesenmusem Niebüll-Deezbüll,
links der *Bilegger* (Beilegerofen), rechts der Alkoven (Wandbett).

Strukturwandel im 20. Jahrhundert Einbußen erlitten. Seit 1980 bemüht sich die Interessengemeinschaft Baupflege (IGB), angesiedelt beim *Nordfriisk Instituut* in Bredstedt, um einen pfleglichen Umgang mit der historischen Bausubstanz. In Nordfriesland sind 1 000 Kulturdenkmäler ins Denkmalbuch eingetragen worden, mehr als in jedem anderen Kreis Schleswig-Holsteins – obwohl es hier so gut wie keine herrschaftlichen Prachtbauten gibt. Nordfriesland verfügt von allen Kreisen des nördlichsten Bundeslandes zudem über die meisten Museen, in denen Kultur und Kunst veranschaulicht werden. Die ältesten erhaltenen Bauten Nordfrieslands sind Kirchen aus dem 12. Jahrhundert.

65

Was sagt man auf Föhr und Amrum, wenn man sich „nach Hause“ begibt? *Ik gung* …

a. dren

b. aran

c. ine

d. tüs

66

Wer hat Klei unter den Füßen?

a. ein armer Knecht

b. ein Leichtmatrose

c. ein reicher Marschbauer

d. ein Zimmermädchen

Richtige Antwort Frage 65: d.

Tüs bedeutet „nach Hause“, man kann es aber nur in Verbindung mit einer Bewegung benutzen. Befindet man sich zu Hause, verwendet man im Friesischen von Föhr und Amrum das Wort *aran*. *Tüs* hat sich entwickelt aus der Verbindung *tu hüs*, was wörtlich „zu Hause“ bedeutet. In den festlandsfriesischen Mundarten erkennt man diese alte Verbindung noch besser, hier heißt es für „nach Hause“ *tu hüs*, „zu Hause“ heißt *ine*. Das helgoländische Wort für „zu Hause“ ist *dren*. Auf Sylt sagt man *itüüs*.

Richtige Antwort Frage 66: c.

Als „Klei“ bezeichnet man den schweren Boden der Marsch. Entwässert bringt er sehr gute Erträge. Ein Bauer, der „Klei unter den Füßen“ hatte, besaß viel Land in der Marsch, war also sehr wohlhabend. Theodor Storm verwendet die Redewendung in seiner Novelle „Der Schimmelreiter“. Über Hauke Haien heißt es dort, er habe nicht genug „Klei unter den Füßen“ und könne daher nicht Deichgraf werden. Erst durch seine Heirat mit der Tochter des alten Deichgrafen, Elke Volkerts, ändert sich das.

67

Auf jeden Topf passt ein …

a. **lad**

b. **dümpet**

c. **dääken**

d. **schiis**

68

Welcher der folgenden Ortsnamen bedeutet nicht „neue Siedlung“?

a. **Nebel**

b. **Norstedt**

c. **Nieblum**

d. **Niebüll**

Richtige Antwort Frage 67: a.

Das Wort *lad* bezeichnet in der Gegend um Niebüll einen Deckel. An diesem Wort lässt sich abermals eine enge Verwandtschaft zum Englischen nachweisen, denn das englische Wort für „Deckel" lautet *lid.* Im Deutschen kennt man das Augenlid als „Deckel" des Auges. Was der Vergleich der beiden Wörter auch zeigt, ist eine Entwicklung des Friesischen zu einem *a*, wo das Deutsche ein i im Wortstamm hat. Ein Beispiel ist der festlandsfriesische *fasch*, der mit dem „Fisch" verwandt ist. Das Wort *dümpet* bedeutet „Kissen", die *dääken* ist die Decke, und der *schiis* ist der Löffel.

Richtige Antwort Frage 68: b.

Auch wenn Nebel im Deutschen an ein Wetterphänomen denken lässt, so handelt es sich hierbei doch um einen typisch friesischen Ortsnamen. Vergleicht man ihn mit Niebüll auf dem Festland oder Nieblum auf Föhr, erkennt man Gemeinsamkeiten in der ersten Silbe. Die *-büll*-Endung bezeichnet eine Siedlung, die Vorsilbe *Nie-* oder *Ne-* heißt „neu". Bei Nebel, Nieblum und Niebüll handelt es sich also dem Namen nach je um eine „neue Siedlung", auch wenn diese Orte inzwischen schon einige Jahre auf dem Buckel haben.

69

Wirft Ihnen ein Sylter einen Blick zu, dann riskiert er einen …

a. **Blör**

b. **Oogskot**

c. **Bualkemtrap**

d. **Sküürpual**

70

Welche Handlung begleitet die *Biike*?

a. **das Entzünden eines Feuers**

b. **das Schlachten eines Schafs**

c. **das Aufsetzen einer Maske**

d. **das Baden in der Nordsee**

Richtige Antwort Frage 69: b.

Wenn man jemandem einen *Oogskot* zuwirft, dann handelt es sich dabei wörtlich um einen „Augenschuss“, einen Blick also. Das Auge heißt auf Sylt *Oog*, und der Schuss ist der *Skot*. *Blör* ist auf Sylt das Blut, *Bualkemtrap* die Bodentreppe, und *Sküürpual* ist der Scheuerpfahl.

Richtige Antwort Frage 70: a.

Das friesische Wort *biike* bedeutet „Feuerzeichen“. Es ist verwandt mit dem deutschen Wort „Bake“, das allgemein „Zeichen“ heißt und das man besonders in der Seefahrtssprache kennt. Jeweils am 21. Februar werden in Nordfriesland große Holz- und Reisighaufen entzündet. Mit dem Feuer will man den Winter vertreiben und vor dem Beginn der Fastenzeit noch einmal feiern.

Känkenbuum, hulkin und *ütj tu keeren,* das sind typische nordfriesische Bräuche, die nach wie vor quicklebendig sind.

An jedem Adventssonnabend stellen die Kinder einen Teller ins Fenster, der in der Nacht von *känken,* dem friesischen Weihnachtsmann, gefüllt wird. An Heiligabend brachte dieser auch den *känkenbuum,* der vor dem Einzug des Tannenbaums die nordfriesischen Wohnstuben schmückte. Heute werden in Nordfriesland zum Fest der Liebe gerne beide Weihnachtsbäume aufgestellt.

In der Silvesternacht ziehen sowohl Kinder als auch Erwachsene verkleidet von Haus zu Haus, singen Lieder und wünschen ein frohes neues Jahr. Als Dankeschön erhalten sie dafür je nach Alter Süßigkeiten oder geistreiche Getränke. Während auf dem Festland überlieferte Texte vorgetragen werden, verarbeiten die Föhrer und Sylter in ihren Liedern häufig Ereignisse des vergangenen Jahres. Allein die Amrumer bleiben meist stumm, geben sich aber dafür bei ihren Verkleidungen besondere Mühe. Dieser Brauch wird auf dem Festland „Rummelpottlaufen“ genannt, auf Sylt *Mas-*

kenloop, auf Föhr *kenknin* und auf Amrum *hulkin*.
Eine Tradition, die sich immer größerer Beliebtheit erfreut, ist das *Biike*-Brennen. Alljährlich werden am 21. Februar auf den Inseln und Halligen und auf dem Festland große Feuer entzündet, die den Winter vertreiben sollen.
Auf der Insel Föhr gibt es an Himmelfahrt und Pfingsten ganz eigene Traditionen. Am Himmelfahrtstag wandert die Jugend einmal um die Insel (*trinjam Feer*). Zu Pfingsten findet *ütj tu keeren*, das Ausfahren, statt. Früher zogen Pferde die mit frischem Grün geschmückten Wagen, heute Traktoren. Auf den Wagen dürfen alle konfirmierten und unverheirateten jungen Männer und Frauen mitfahren, wobei bis spät in die Nacht die Lokalitäten gewechselt werden.
In den Sommermonaten erfreut sich das Ringreiten in ganz Nordfriesland großer Beliebtheit. Bei diesem Wettstreit muss der Reiter mittels einer etwa zwei Meter langen Lanze einen kleinen Messingring aufspießen. Der Ring hängt am „Galgen", einer Konstruktion aus zwei Pfählen, zwischen die eine Leine locker gespannt ist. Das Pferd muss dabei vor und nach dem Stechen einige Galoppsprünge machen.
Für das Boßeln hingegen eignet sich am besten Frostwetter. Bei dieser Wurfsportart muss die Boßel, eine bleigefüllte Kugel aus Hartgummi oder Hartholz, so weit wie möglich

Mit dem *Biike*-Brennen, das in Nordfriesland alljährlich am 21. Februar stattfindet, soll der Winter vertrieben werden.

Beim Ringreiten – hier in Keitum auf Sylt – muss der Reiter mit einer Lanze einen kleinen Messingring aufspießen.

Beim Boßeln wird eine bleigefüllte Kugel so weit wie möglich geworfen.

geworfen werden. Als Wettkampfstätten dienen Kuhweiden, Wirtschaftswege oder die Wege entlang der Deiche. In Nordfriesland gilt Eiderstedt als Hochburg des Boßelns.
Es gibt noch eine Reihe weiterer Bräuche und Aktivitäten in Nordfriesland, die den Jahreslauf strukturieren und mit denen die Menschen ihre regionale Verbundenheit ausdrücken, zum Beispiel das Ostereierwerfen, Trachtentanz und Theateraufführungen auf Friesisch und Plattdeutsch.

71

Eingedeichtes Marschland nennt man in Nordfriesland „Koog“. Welcher ist nach einer literarischen Figur benannt?

a. **Pole-Poppenspäler-Koog**

b. **Effi-Briest-Koog**

c. **Hauke-Haien-Koog**

d. **Felix-Krull-Koog**

72

Was bezeichnet das Wort *kwegels*?

a. **Säugling**

b. **Streit**

c. **Hefe**

d. **Trillerpfeife**

Richtige Antwort Frage 71: c.

Der 1959 fertiggestellte Hauke-Haien-Koog ist der einzige an der schleswig-holsteinischen Westküste, der den Namen einer literarischen Figur trägt. Hauke Haien ist der tragische Held in Theodor Storms Novelle „Der Schimmelreiter". Manchmal wurden Köge nach den Geldgebern der Eindeichung wie etwa beim Sönke-Nissen-Koog oder nach dem Landesherrn wie beim Christian-Albrechts-Koog benannt. Andere erhielten ihre Namen einfach nach einer Ortschaft in der Umgebung, wie etwa der Bredstedter Koog.

Richtige Antwort Frage 72: c.

Das friesische Wort *kwegels* hat in den verschiedenen nordfriesischen Mundarten unterschiedliche Bedeutungen; auf Föhr und Amrum bedeutet es „Hefe", an der dänischen Grenze sagt man *kweegels* für „Erquickung". Beim Backen wird die Hefe quasi lebendig und geht auf. Im Englischen gibt es *quick* für „schnell", und *kvik* heißt auf Dänisch „lebendig". Der deutsche Ausdruck „quicklebendig" ist demzufolge doppelt gemoppelt.

73

Welche bekannte Geschichte beginnt im Sylter Friesisch mit den Worten: *Arkjen weet, dat uk di Skel- / beeten somtirs driiv jaar Spöl.*

a. Hänsel und Gretel

b. Max und Moritz

c. Bernhard und Bianca

d. Hase und Igel

74

Was versteht man unter *waard*?

a. mit Gras bewachsenes Vorland

b. sandiges Watt

c. natürlichen Erdhügel

d. stillgelegte Werft

Richtige Antwort Frage 73: b.

Im Original beginnt das Stück von Wilhelm Buschs Schelmenduo „Max und Moritz“ mit diesen Worten: „Jeder weiß, was so ein Mai- / Käfer für ein Vogel sei.“ Ein *Skelbeet* ist wörtlich übersetzt ein „Schalenkäfer“. Die Zeilen heißen also genau: „Jeder weiß, dass auch die Schalen- / Käfer manchmal treiben ihr Spiel.“

Richtige Antwort Frage 74: a.

Das friesische Wort *waard*, das man ganz im Norden des nordfriesischen Festlandes verwendet, bezeichnet mit Gras bewachsenes Vorland. „Noch nie gehört!“, mag sich manch einer nun denken. Aber auch im Hochdeutschen kennt man das Wort in ähnlichen Zusammenhängen. Wer hat nicht schon einmal von „Werder Bremen“ oder auch „Finkenwerder“ gehört. Das Wort hat einen westgermanischen Ursprung und hängt mit dem niederländischen *waard* zusammen. Es bezeichnet ein am Wasser gelegenes Flachland beziehungsweise eine Flussinsel.

75

Wo in Nordfriesland gab es bereits ein Parlament, als die demokratische Staatsform noch lange nicht eingeführt war?

a. Amrum

b. Pellworm

c. Langeneß

d. Stintebüll (1634 untergegangen)

76

Zu welcher Gelegenheit geben sich Braut und Bräutigam auf Amrum und Föhr das Ja-Wort?

a. huuchster

b. bradlep

c. feriaring

d. koost

Richtige Antwort Frage 75: b.

Ein Mitteldeich auf der Insel Pellworm heißt „Parlament". Die Deutung ist nicht ganz klar. Im Mittelniederdeutschen bedeutete „Parlament", abgeleitet vom Französischen, „Besprechung" oder „Zusammenkunft", aber auch „Streit" oder „Wortwechsel". In alten Berichten über Deichangelegenheiten wird das Wort wiederholt in Zusammenhang mit Unruhen unter Deicharbeitern benutzt.

Richtige Antwort Frage 76: b.

Das friesische Wort *bradlep* bedeutet wörtlich „Brautlauf" und bezeichnet eine Hochzeit auf Föhr oder Amrum. Das Wort *bradlep* ist ein Lehnwort aus dem Nordgermanischen. Andere nordfriesische Mundarten haben ihr Wort für „Hochzeit" aus dem Niederdeutschen übernommen; auf dem Festland lautet es *koost,* im Helgoländischen *Kost,* was mit dem deutschen Wort „Kost" für die Bewirtung der Gäste beim Hochzeitsmahl zu tun hat. Das Wort *huuchster* bezeichnet den Spitzboden, und *feriaring* bedeutet „Verehrung".

Hüüv, *Kaartel* und *Döpken* – die Trachten Nordfrieslands

Das Wort „Tracht“ kommt von „tragen“, und Nordfriesland gehört zu den Regionen, in denen eine Tracht tatsächlich noch oft getragen wird. Die Palette der nordfriesischen Trachtenlandschaft ist in ihrer heutigen Form ebenso bunt wie die sprachliche Vielfalt der Region. Die Föhrer Frauentracht, die in leichten Abwandlungen ebenfalls auf Amrum, Pellworm und den Halligen getragen wird, ist wohl die bekannteste in Nordfriesland. Sie wird auch heute noch an Festtagen wie etwa zu Hochzeiten und zur Konfirmation angezogen und wurde sogar bundesweit als „Tracht des Jahres 2012“ ausgezeichnet. Blickfang ist vor allem der reiche Filigran-Silberschmuck, bestehend aus einem Amulett, das mit Kreuz, Herz und Anker als Symbole für Glaube, Liebe und Hoffnung verziert ist. In ihrer heutigen Farbe und Form existiert diese Tracht seit etwa 1890.

Die Sylter Tracht geht auf eine Festtagstracht zurück, die erstmals auf einer Abbildung von 1579 zu sehen ist. Während die meisten nordfriesischen Trachten dunklere und gedeckte Farben bevorzugen, besteht die von Sylt aus

Die Sylter Frauentracht unterscheidet sich besonders durch ihre leuchtende Farbigkeit von anderen nordfriesischen Trachten.

einem weißen, verhältnismäßig kurzen Rock, dem *Kaartel*, und einem leuchtend roten Oberteil. Auch an ihrer 20 Zentimeter hohen Haube, der *Hüüv*, die mit silbernen Knöpfen, den *Döpken*, verziert ist, sind die Frauen von Sylt leicht zu erkennen.

Die Frauentrachten des nordfriesischen Festlandes bestehen oft aus einem Rock und einer Schürze, über die ein Mieder oder eine kurze Jacke getragen wird. Der Rock ist in vielen Fällen vertikal gestreift und aus Wollstoff gefertigt. In den Ausschnitt wird ein Schultertuch mit oder ohne Fransen eingesteckt, das einfarbig oder bunt sein kann. Dazu werden oft eine Haube oder Kappe und Silberschmuck getragen. Die Stoffe sind überwiegend in Rot- und Blautönen gehalten. Diese Trachtenform ist angelehnt an Vorlagen aus dem 19. Jahrhundert.

Das auffälligste Merkmal der dunkel und ernst wirkenden Frauentracht von Föhr, Amrum, Pellworm und den Halligen ist der prachtvolle Brustschmuck.

Tanzgruppe beim Hooger Trachtenfest. Mit dem Tragen einer Tracht drücken viele Nordfriesen ihre regionale Identität aus.

Bei der Eiderstedter Tracht dominiert, entsprechend der Mode des 16. Jahrhunderts, die Farbe Schwarz. Sie orientiert sich an der damals in den Niederlanden herrschenden spanischen Hofmode und wurde im 20. Jahrhundert wiederentdeckt – ein Beispiel für die heimatbezogene Wiederbelebung einer Tracht. Besonders farbenfroh ist die Tracht von Ostenfeld, gelegen im Südosten des Kreises Nordfriesland außerhalb des eigentlichen friesischen Siedlungsgebiets.
Mit dem Tragen einer Tracht drücken viele Nordfriesen ihre regionale Identität aus. Die Tänze der Trachtengruppen gehören zum festen Bestandteil bei Festen und Feiern. Besonders Auftritte von Kindertrachtengruppen finden dabei großen Anklang, sowohl bei Einheimischen wie auch bei den Besuchern der Region.

77

Lass sie nur reden. Das ist doch alles bloß ...

a. **piitjepatj**

b. **griisegrat**

c. **miitjematj**

d. **liitjeletj**

78

Eine Ballade, die an der nordfriesischen Küste spielt, heißt ...

a. **Trutz, blanker Hohn**

b. **Trutz, blasser Neid**

c. **Trutz, blanke Hans**

d. **Trutz, blonder Hans**

Richtige Antwort Frage 77: a.

Das friesische Wort *piitjepatj* kennt man in ganz Nordfriesland. Es bedeutet so viel wie „Geschwätz“ oder „Quatsch“ und gehört zu den „Eselswörtern“. Die heißen so, weil der Wechsel zwischen den Lauten „i“ und „a“ an den Ruf eines Esels erinnert. Auch das Deutsche kennt einige Eselswörter wie „Mischmasch“, „zickzack“, „Krimskrams“. Oft haben solche Wörter einen abwertenden Beigeschmack. Aber auch bei Kindern beziehungsweise im Gespräch mit Kindern sind sie beliebt. *Griisegrat* heißt auf Föhr und Amrum „riesengroß“, *liitjeletj* „klitzeklein“, und *miitjematj* ist frei erfunden.

Richtige Antwort Frage 78: c.

„Trutz, blanke Hans“ schrieb Detlev von Liliencron, als er 1882/83 Hardesvogt (Amtsvorsteher) auf der Insel Pellworm war. Es wurde sein wohl bekanntestes Gedicht. Ganze Schülergenerationen lernten es auswendig. Liliencron schildert den Untergang Rungholts 1362. Aus dem Marschenort machte er eine sagenhaft reiche Stadt:

„Rungholt ist reich und wird immer reicher, / Kein Korn mehr fasst der größeste Speicher. / Wie zur Blütezeit im alten Rom, / Staut hier täglich der Menschenstrom. / Die Sänften tragen Syrer und Mohren, / Mit Goldblech und Flitter in Nasen und Ohren. Trutz, Blanke Hans.“

79

Bringen Sie die Mahlzeiten eines Tages, hier auf Föhrer Friesisch, in die richtige Reihenfolge:

a. naachtert

b. doord

c. ongurd

d. kofe

80

Im Jahr 1890 endete die Zugehörigkeit der nordfriesischen Insel Helgoland zu ...

a. Dänemark

b. Großbritannien

c. Deutschland

d. Niederlande

Richtige Reihenfolge Frage 79: b. c. d. a.

Dass die wichtigste Mahlzeit des Tages das Frühstück sein soll, verdeutlicht die Herkunft des Wortes *doord*, die sich auf die altnordische Bezeichnung für „Tagesmahlzeit“ zurückführen lässt. Das Wort *ongurd* für „Mittagessen“ hängt zusammen mit der altenglischen Bezeichnung *undern* für die Zeitspanne von Morgen bis Mittag. Auf dem Festland sagt man *unerne*. Am Nachmittag gibt es dann *kofe an kuuken*, Kaffee und Kuchen. In *naachtert*, „Abendessen“, steckt das friesische Wort für „Nacht“.

Richtige Antwort Frage 80: b.

Die bis dahin zu Großbritannien gehörige Insel nahm der deutsche Kaiser Wilhelm II. am 10. August 1890 in Besitz. Er verzichtete dafür auf Rechte in den deutschen Kolonialgebieten in Ostafrika. Der Vertrag wird etwas missverständlich als „Helgoland-Sansibar-Vertrag“ bezeichnet. Das Kaiserreich ließ Helgoland zur Festung ausbauen, was später im Dritten Reich noch weiter forciert wurde.

81

Wer ist *känken*?

a. **der Osterhase**

b. **der Weihnachtsmann**

c. **der König**

d. **der Kaiser**

82

Babaorum, Aquarium, Laudanum und Kleinbonum kennt man aus „Asterix und Obelix“. Auch auf einer nordfriesischen Insel gibt es über zehn Ortsnamen, die auf *-um* enden. Welche ist gemeint?

a. **Pellworm**

b. **Föhr**

c. **Amrum**

d. **Helgoland**

Richtige Antwort Frage 81: b.

Känken heißt der friesische Weihnachtsmann in der Gegend um Niebüll. Das Wort leitet sich vom Christkind ab und heißt wörtlich „Kindchen“. In Nordfriesland errichtet man an Weihnachten den sogenannten *känkenbuum*. Das ist ein Holzgestell, an dem aus Salzteig gebackene Symbole und Figuren, Buchsbaumzweige und Äpfel befestigt werden. Weihnachten selbst heißt auf Föhr und Amrum *jul,* in der Gegend um Niebüll *jül,* auf Sylt *Jööl,* auf Helgoland aber *Wiinachen.*

Richtige Antwort Frage 82: b.

„Oldsum“, „Utersum“, „Midlum“, „Oevenum“ und so weiter heißen Ortschaften auf Föhr. Die Endsilbe *-um* entstand aus der Endung -heim, die im Altfriesischen *-hêm* lautete und sich zu *-um* entwickelte. Das erste Wortglied geht teils auf Personennamen, teils auf landschaftliche Besonderheiten zurück. Die meisten festlandsfriesischen Ortsnamen, die auf *-um* enden, wie etwa Husum, sind aus alten Pluralformen entstanden. Husum bedeutet beispielsweise „zu den Häusern“.

Viele Ortsnamen auf der Insel Föhr enden auf *-um*, was ursprünglich „Heim“ bedeutet. Oben die Mühle in Borgsum, unten Friesenhäuser in Nieblum.

Zwischen Keitum, Klanxbüll und Kating – Ortsnamen in Nordfriesland

Die Vielfalt Nordfrieslands mit dem Zusammenklang von Friesisch, Deutsch und Dänisch spiegelt sich in den sehr unterschiedlichen Ortsnamen. Auf den Inseln enden viele auf *-um*, auf dem Festland ist die Endsilbe *-büll* sehr häufig. Vor allem auf der Geest liegen zahlreiche Ortschaften mit *-stedt*, in Eiderstedt sind die Endungen *-ing* und *-wort* anzutreffen, außerdem gibt es Ortsnamen, die auf *-holm*, *-lund*, *-(t)rup* enden.

Die *-um*-Namen weisen zumeist auf die erste friesische Einwanderungswelle hin, die im 8. Jahrhundert vor allem die Geestinseln Amrum, Föhr und Sylt sowie Teile Eiderstedts betraf. Der Endsilbe *-um* („Heim") ist oft ein Personenname vorangestellt, wie bei Keitum (vermutlich „Siedlung des Kedi") oder Boldixum („Siedlung des Boldeke"). Es gibt aber auch *-um*-Namen, die sich auf die Umgebung beziehen, wie Rantum („Siedlung am Rand") oder Klintum („Siedlung am Abhang"). Bei den *-um*-Namen auf dem Festland handelt es sich meist um Pluralformen. Husum etwa heißt nichts anderes als „zu den Häusern", Risum „zu den Büschen", Struckum „zu den Sträuchern".

Die Ortsnamen mit der Endung *-büll* entstanden infolge der zweiten friesischen Einwanderungswelle im 11. Jahrhundert. Diese Endung entwickelte sich aus dem Altdänischen und bedeutet „Siedlung" oder „Landstelle". Auch den *-büll*-Namen ist zumeist ein Männername vorangestellt. Klanxbüll zum Beispiel ist die „Siedlung des Klenke" und Poppenbüll die „Siedlung des Poppo". Bei Niebüll handelt es sich jedoch um eine „neue Siedlung".
Auch Kating und Ording in Eiderstedt sind ursprünglich *-um*-Namen gewesen und bedeuten „zu den Katen" beziehungsweise „zu den Wurten". Die Eiderstedter Orte mit der Endung *-ing* drücken eine Zugehörigkeit aus, wie zum Beispiel bei Tating mit einer Person namens Tate oder Tato. Die Endung *-wort* bezieht sich auf einen Wohnhügel. Oldenswort ist also die Wurt der Leute um einen Mann, der wohl Aldo oder ähnlich hieß.
Die auch außerhalb Nordfrieslands recht häufig anzutreffenden Ortsnamen auf *-stedt* finden sich vor allem im Geestgebiet südlich von Bredstedt. Sie sind zumeist älter als die friesischen *-büll*-Gründungen in der Marsch. Bredstedt zum Beispiel bedeutet „breite Stätte", Hattstedt, Schwabstedt und Vollstedt enthalten wohl die Männernamen Hatti, Swave und Folle.
Die Endung *-holm* weist auf eine Insel oder Erhebung hin; Ockholm ist also die „Insel des Okko". Im ursprünglich dänisch besiedelten Osten des heutigen Kreises Nordfriesland

finden sich Namen auf *-lund* („Gehölz") und *-(t)rup* („Dorf"). Joldelund ist das „Gehölz des Hialli" und Achtrup das „Dorf des Aki".
Seit 1997 dürfen die friesischen Ortsnamen in kleinerer Schrift auf den offiziellen Ortstafeln erscheinen. Inzwischen sind auch die Bahnhöfe zwischen Husum und Westerland, Niebüll und Dagebüll deutsch-friesisch beschildert.

83

Wenn jemand zu dir sagt *Dü beest twäärs üüs en haligschep!*, auf welche deiner Eigenschaften spielt er an?

a. meine nicht vorhandene Intelligenz

b. meine nicht vorhandene Kompromissbereitschaft

c. meine nicht vorhandene Schönheit

d. meine nicht vorhandene gute Laune

84

Wozu sagt man im Friesischen auf Sylt *Taatj*, auf Föhr *kleeb* und in der Niebüller Gegend *mäk*?

a. Kuss

b. Mückenstich

c. Schlag

d. Schuss

Richtige Antwort Frage 83: b.

Der Ausspruch heißt wörtlich übersetzt: „Du bist stur wie ein Halligschaf!“ Diese Föhrer Redewendung kennt man, unterschiedlich geschrieben, auch in den anderen nordfriesischen Mundarten. Schafe prägen das Landschaftsbild Nordfrieslands, und so ist es nicht verwunderlich, dass es einige Schafs-Vergleiche in den Sprachschatz geschafft haben. Während im Hochdeutschen jemand „wie ein begossener Pudel“ dasteht, also ziemlich dumm und ratlos aussehen kann, sagt man auf Föhr: *Hi stäänt diar üüs en befludet schep* („Er steht da wie ein Schaf, das von der Flut überrascht wurde“).

Richtige Antwort Frage 84: a.

Nur selten liegen die Ausdrücke in den einzelnen Dialekten der nordfriesischen Sprache so weit auseinander wie beim Kuss. Der Ausdruck *Taatj* ist verwandt mit dem westfriesischen Wort *tútsje* für „küssen“. Das Wort *kleeb* geht auf den altfriesischen Ausdruck *kleppa* für „umarmen“ zurück. Und auch *mäk* hat seinen Ursprung im Altfriesischen. Das Küssen scheint also etwas zu sein, was die Friesen schon sehr lange tun.

85

Wo steht der „Friesendom“?

a. Husum

b. Niebüll

c. Bredstedt

d. Nieblum

86

Wo findet man auf Sylt normalerweise *Dreftgur*?

a. in der Kneipe

b. in der Küche

c. auf dem Hausdach

d. am Strand

Richtige Antwort Frage 85: d.

Die St.-Johannis-Kirche in Nieblum gilt mit über 1 000 Sitzplätzen als eine der größten Dorfkirchen in Schleswig-Holstein. Durch ihre Größe und reichhaltige Ausstattung erhielt sie den Beinamen „Friesendom“, auch wenn es auf Föhr nie einen Bischofssitz gab.

Richtige Antwort Frage 86: d.

Dreftgur sagt man im Sylter Friesisch zum Treibgut, und das findet man üblicherweise am Strand. Das *Gur* ist das Gut, und *Dreft* deutet auf etwas hin, das treibt. Auch im Deutschen benutzt man das Verb „abdriften“, wenn etwas abtreibt. Man driftet mit seinen Gedanken ab, wenn man sich nicht auf eine bestimmte Sache konzentrieren kann.

87

Wat wat wan, wan wat was. Was heißt das?

a. **Was wir beide wollen, wollen wir beide gewiss.**

b. **Wie ihr euch denken könnt, wollen wir das nicht.**

c. **Wenn wir ins Watt gehen, ist was los.**

d. **Wieso wir? Das waren die anderen.**

88

Wer stammt von der Insel Amrum?

a. **Hark Martinen**

b. **Schwen Bleicken**

c. **Janne Ahonen**

d. **Rörd Arfsten**

Richtige Antwort Frage 87: a.

Das Wort *wat* ist eine sogenannte Dualform, eine Besonderheit des Friesischen. *Wat* heißt „wir beide“ und das dazugehörige *jat* „ihr beide“. Mit dem Dual werden also immer genau zwei Personen bezeichnet. Man verwendet ihn heutzutage kaum noch. Unser Beispiel stammt aus dem Friesischen der Bökingharde auf dem Festland, doch die gleichen Formen finden sich auch in anderen nordfriesischen Dialekten.

Richtige Antwort Frage 88: a.

Hark Martinen, früher Schulrat in Nordfriesland, stammt von der Insel Amrum, und sein Name weist untrüglich auf diese Herkunft hin. Hark ist ein typischer einsilbiger friesischer Männername. Der Nachname wurde bis etwa 1800 auf patronymische Weise gebildet. Dem Vatersnamen Martin wurde in diesem Fall die Genitivendung *-en* angehängt. Wie Martinen zu Amrum gehört, so weist der Name Bleicken auf eine Herkunft von Sylt hin. Wer Arfsten, Braren oder Rörden heißt, hat ganz bestimmt mit der Insel Föhr zu tun. Janne Ahonen hingegen ist ein erfolgreicher Skispringer aus Finnland.

Arfst Braren heiratet Gönke Paysen – friesische Personennamen

In Nordfriesland gibt es eine Reihe von Vornamen, die man nirgendwo anders findet: Gönke, Keike und Ehlen für Mädchen oder Brar, Hark und Pay für Jungen. Die Friesen bevorzugten offenbar kurze Namen. Sie benutzten, ähnlich wie die Skandinavier, auch Verwandtschaftsbezeichnungen: Sönke („Söhnchen"), Broder („Bruder", auf Föhr: Brar) oder Süster („Schwester"). Die Statistiken der Standesämter zeigen, dass manche friesischen Vornamen heute wieder beliebt sind.

Auch an den Nachnamen kann man Nordfriesen erkennen. Bis etwa 1800 wurden sie auf patronymische Weise gebildet; der Nachname der Kinder leitete sich vom Vornamen des Vaters ab. Diesem hinzugefügt wurde die Silbe *-sen* (für „Sohn") oder die Genitivendungen *-en*, *-s* oder *-ens*.

Bekam zum Beispiel Nahne Ketelsen einen Sohn, den er Broder nannte, so hieß dieser „Broder Nahnsen". Die Kinder dieses Broder Nahnsen wiederum erhielten den Nachnamen Brodersen. Auch der Nachname der Frauen richtete sich nach dem Vornamen der Männer. Heiratete zum Beispiel eine Seike Ockens einen Riewert Wögens, so hieß sie nach der Hochzeit Seike Riewerts.

Auch manche Familiennamen finden sich nur in Nordfriesland. Paysen oder Melfsen sind typisch für das Festland. Wer Jannen oder Martinen heißt, hat sicherlich mit Amrum zu tun. Arfsten, Braren, Riewerts, Roeloffs deuten auf die Insel Föhr, Bleicken und Schwennen auf Sylt hin. In Eiderstedt enden besonders viele Namen auf *-s* und *-ens* wie Alberts, Carstens, Hamkens oder Mommens. Ähnliche Namen, zum Beispiel Heikens oder Payens, gibt es auf der Insel Helgoland. Der häufigste Nachname ist hier Krüss, der wohl auf krauses Haar bei einem Vorfahr hinweist. Dass manche Helgoländer englische Vornamen tragen, wie der Kinderbuchautor James Krüss, geht noch auf die Zugehörigkeit der Insel zu Großbritannien zurück, die von 1807 bis 1890 währte.

Da sich die Familiennamen von Generation zu Generation änderten und dies der Obrigkeit kompliziert erschien, wurden 1771 für das Herzogtum Schleswig feste Familiennamen eingeführt. Bis sich dies überall durchsetzte, vergingen aber noch Jahrzehnte.

Wer heute einen Stammbaum von seiner Familie erstellen möchte und nordfriesische Vorfahren hat, dem steht eine spanneden Aufgabe, aber auch einiges Kopfzerbrechen bevor. Denn der Vater eines Hark Nickelsen könnte Nickels Wögens, Nickels Jacobsen oder ein Nickels mit einem ganz anderen Nachnamen gewesen sein ...

89

Bringen Sie diese Sylter Wochentage in die richtige Reihenfolge:

a. **Mondai**

b. **Türsdai**

c. **Seninj**

d. **Winjsdai**

90

Wenn ich auf Helgoländer Friesisch ein Haus nicht kaufen, sondern mieten will, dann muss ich es …

a. **lees**

b. **besikke**

c. **kweewe**

d. **hiire**

Richtige Reihenfolge Frage 89: a. d. b. c.

Wie im Deutschen und im Englischen lassen sich im Sylter Friesischen der Montag, *Mondai*, auf den Mond und der Sonnabend, *Seninj*, auf die Sonne zurückführen. *Winjsdai* (Mittwoch) bezieht sich wie das englische *wednesday* auf den germanischen Gott Wodan. Beim *Türsdai* (Donnerstag) stand ebenfalls wie beim englischen *thursday* der germanische Gott Thor Pate. Der komplette Wochenverlauf lautet: *Mondai, Tiisdai, Winjsdai, Türsdai, Friidai, Seninj, Sendai*. In den anderen nordfriesischen Dialekten lauten die Wochentage ganz ähnlich.

Richtige Antwort Frage 90: d.

Im Helgoländischen nennt man „mieten" *hiire*, was mit dem deutschen Wort „Heuer" verwandt ist. Englischkenntnisse sind auch bei diesem Rätsel von Vorteil, denn im Englischen heißt mieten oder leihen *to hire*. Auch im Föhrer und Amrumer Friesisch nennt man die Miete oder die Pacht *hüür*. In der Gegend um Niebüll heißt Miete *lii* und mieten *liie*, was mit dem deutschen „leihen" verwandt ist. Das helgoländische Wort *lees* bedeutet „lesen", *besikke* heißt „erschauern" und *kweewe* „ersticken".

91

Was versteht man unter Spökenkiekerei?

a. **Zuschauen beim Kirschkern-Weitspucken**

b. **Form der Hellsichtigkeit**

c. **Verbreiten von Gerüchten**

d. **Benutzen von Spickzetteln**

92

Wer oder was sind im Friesischen *åål* und *åte*?

a. **„wohl“ und „oder“**

b. **„Aal“ und „Otter“**

c. **„Oma“ und „Opa“**

d. **„alle“ und „keiner“**

Richtige Antwort Frage 91: b.

Als Spökenkieker werden Menschen mit „zweitem Gesicht" bezeichnet. Der Begriff kann dabei etwa mit „Spuk-Gucker" oder „Geister-Seher" übersetzt werden. Spökenkiekern wird die Fähigkeit nachgesagt, in die Zukunft zu blicken. Oftmals werden unheimliche und angstmachende Ereignisse wie Sturmfluten, Krankheiten oder Todesfälle vorausgesehen.

Richtige Antwort Frage 92: c.

In der Gegend um Niebüll wird die Oma *åål* und der Opa *åte* genannt. Beide Begriffe sind die Kurzformen von *åålmeem,* wörtlich „Altmutter", und *åältääte,* wörtlich „Altvater". Auch auf Föhr und Amrum werden die beiden Großeltern als „Alteltern" bezeichnet, hier heißen sie *ualmam* und *ualaatj.*

93

Auf welches Ereignis geht eine Wehle zurück?

a. **Deichbruch**

b. **Schiffsstrandung**

c. **Schlacht**

d. **Blitzschlag**

94

Was findet sich in einem nordfriesischen Haushalt unter der Bezeichnung *knif*?

a. **ein Messer**

b. **eine Untertasse**

c. **eine Brille**

d. **eine Schere**

Richtige Antwort Frage 93: a.

Bei einem Deichbruch wühlte sich das Wasser tief ins Erdreich. Das entstandene Loch konnte zumeist nicht wieder geschlossen werden. Deshalb wurde der Deich bogenförmig um die Wehle gebaut. Daraus erklärt sich zum Beispiel die Bezeichnung „Wehle am Halbmond".

Richtige Antwort Frage 94: a.

Wer des Englischen oder des Dänischen mächtig ist und weiß, dass das Messer hier *knife* beziehungsweise *kniv* heißt, hat bei der Lösung dieses Rätsels einen klaren Vorteil. Auch wenn das Wort anders ausgesprochen wird – mit dem friesischen *knif,* das es in allen nordfriesischen Mundarten gibt, ist ebenfalls das Messer gemeint. Im Friesischen macht es einen Unterschied, ob man mit einem Messer oder mit einer Schere schneidet. Auf Föhr und Amrum lautet das friesische Verb für „mit dem Messer schneiden" *skeer,* „mit der Schere schneiden" heißt dagegen *klap.*

Die nordfriesische Sprache wurde zunächst vom Dänischen beeinflusst. Denn die Nordfriesen lebten schon im Mittelalter im Herrschaftsgebiet des dänischen Königs, und ihr Siedlungsraum grenzte an den des dänischen Stammes der Jüten. Wichtige Wörter wurden aus dem Dänischen entlehnt. Ein Junge zum Beispiel ist im Dänischen und Friesischen ein *dreng*, zum Abschied sagt man in Dänemark und Nordfriesland *farvel* – nur die Schreibung unterscheidet sich in beiden Fällen etwas.
Im ausgehenden Mittelalter gewann die niederdeutsche Sprache Bedeutung in Nordfriesland. Die nordfriesischen Landrechte wurden 1426 in der „Siebenhardenbeliebung" und der „Krone der Rechten Wahrheit" auf Niederdeutsch abgefasst. Seit der Reformation predigten die Pastoren in dieser Sprache. Die Zahlwörter im Nordfriesischen zum Beispiel ähneln den niederdeutschen. Als Faustregel kann gelten: je weiter nördlich, desto größer der Einfluss des Dänischen auf die friesische Sprache, je weiter südlich, desto größer die Einwirkung durch das Niederdeutsche. Am stärksten wurde das Friesische auf Helgoland

Auf dem Volksfest der Nordfriesen 1844 in Bredstedt wurde erstmals eine Flagge mit dem Nordfriesen-Wappen gehisst.

vom Niederdeutschen beeinflusst. Die ursprünglich friesischsprachige Halbinsel Eiderstedt ging ganz zum Plattdeutschen über, ebenso als eine Folge der *Mandränke* von 1634 Nordstrand und Pellworm. Das dortige Niederdeutsch weist noch friesische Überbleibsel auf.

Als Amts-, Kirchen- und Schulsprache herrschte in Nordfriesland etwa seit dem endenden 17. Jahrhundert das Hochdeutsche. Viele Nordfriesen fühlten sich deshalb mit der deutschen Kultur verbunden.

Im 19. Jahrhundert wurde heftig um die nationale Zugehörigkeit gerungen. Manche Nord-

friesen befassten sich mit der friesischen Geschichte und ihrer eigenständigen Sprache. „Höret nicht auf, Friesen zu sein!", hieß es 1845. Der Kampf zwischen Deutsch und Dänisch erwies sich aber als übermächtig. Friesische Bestrebungen wurden zwischen den großen Mahlsteinen des nationalen Gegensatzes zerrieben.

Nach dem deutsch-dänischen Krieg 1864 gelangte Nordfriesland zu Deutschland. Der deutsch-dänische Gegensatz flammte vor allem nach den beiden Weltkriegen heftig auf und beeinflusste die Friesen. Als Kind der deutschen Heimatbewegung entstand 1902 der Nordfriesische Verein, der die Verbindung mit Deutschland betonte. 1923 formierten sich

„nationale Friesen“, die sich als eigenständige Minderheit betrachten, aber mit der dänischen Minderheit zusammenarbeiten. Zeitweise trugen die beiden Vereine eine heftige friesische Fehde aus. Seit 1956 arbeiten sie im Friesenrat zusammen, der im gleichen Jahr neu gegründet wurde.
In den letzten Jahrzehnten konnten wesentliche Fortschritte erzielt werden. Seit 1990 wird der friesischen Volksgruppe in der Landesverfassung von Schleswig-Holstein „Schutz und Förderung“ zugesichert. Die Europäische Charta der Regional- oder Minderheitensprachen gilt seit 1999 auch für Nordfriesisch. Gemäß dem Friesisch-Gesetz *(gesäts fort stipen foont friisk önj e öfentlikhäid)* von 2004 werden zum Beispiel Landesbehörden in Nordfriesland zweisprachig deutsch und friesisch beschildert.

95

Wie blickt jemand drein, der *alwri* guckt?

a. **fröhlich**

b. **beleidigt**

c. **traurig**

d. **ernst**

96

Was bezeichnet man auf Sylter Friesisch als *Sjip*?

a. **Schiff**

b. **Schrank**

c. **Schaf**

d. **Schopf**

Richtige Antwort Frage 95: d.

Das Wort *alwri* bedeutet „ernst", der dazugehörige *alwer* ist der Ernst. Das Wort kommt, jeweils unterschiedlich geschrieben, in den meisten Regionen des nordfriesischen Festlandes vor und ist verwandt mit dem mittelniederdeutschen Wort *alwâr*, was so viel bedeutete wie „ganz wahr". Im Dänischen heißt *alvor* ebenfalls „Ernst".

Richtige Antwort Frage 96: c.

Im Sylter Friesisch nennt man das Schaf *Sjip* (sprich: „Schipp"). Auch im Plural heißen die Schafe *Sjip*. Wie so oft im Friesischen erkennt man die enge Verwandtschaft zum Englischen, wo das Schaf ebenso wie die Schafe *sheep* genannt werden. Das Schiff heißt im Sylter Friesisch *Skep*, der Schrank *Skaap* und der Schopf *Krest*.

97

Was ist ein *büsche*?

a. eine Hecke

b. ein Butterbrot

c. eine Bürste

d. eine Säge

98

Welche Hallig wurde als „Hallig der Jungs“ bekannt?

a. Oland

b. Habel

c. Süderoog

d. Gröde

Richtige Antwort Frage 97: b.

Wer sich in weiser Voraussicht ein *büsche* schmiert, bevor er das Haus verlässt, der sorgt mit einem Butterbrot gegen den kleinen Hunger vor. Das friesische Wort *büsche* wird in der Gegend um Niebüll verwendet, und es setzt sich zusammen aus den Bezeichnungen für Butter und Scheibe, *bööder* und *schiiw*. Auf Sylt ist die Zusammensetzung *Böterskiiv* für „Butterbrot" noch geläufig.

Richtige Antwort Frage 98: c.

Der von der Hallig Süderoog stammende Pädagoge Hermann Neuton Paulsen (1898–1951) führte seit 1924 auf Hooge und seit 1927 auf der Hallig Süderoog junge Männer aus verschiedenen Ländern und ungleichen sozialen Verhältnissen in Ferienlagern zusammen. Geprägt von seinen Erlebnissen als Soldat des Ersten Weltkrieges, wollte Paulsen so gegen Vorurteile, Hass und Gewalt wirken. Die Ferienlager wurden nach seinem Tod zunächst fortgeführt, endeten aber 1970. Heute trägt die Inselschule auf Pellworm seinen Namen.

99

Kannst du Friesisch sprechen? – Ja, aber nur ein ...

a. skööl

b. betj

c. ruus

d. berig

100

Theodor Mommsen, nach dem sich Garding „Mommsen-Stadt" nennt, erhielt 1902 als erster und bisher einziger Nordfriese ...

a. eine olympische Goldmedaille

b. den Literaturnobelpreis

c. den russischen Freundschaftsorden

d. einen Lottogewinn über eine Million

Richtige Antwort Frage 99: b.

Das friesische Wort *betj* von Föhr und Amrum kommt in Variationen in allen nordfriesischen Mundarten vor. Es bedeutet „bisschen“ beziehungsweise das „Bisschen“ und leitet sich ab vom altfriesischen Wort *bîta*, was „beißen“ heißt. Im Deutschen ist ein „bisschen“ ja wörtlich auch ein „kleiner Bissen“. Eine *skööl* ist eine Gruppe, eine *ruus* eine Blume und ein *berig* ein Berg.

Richtige Antwort Frage 100: b.

Theodor Mommsen wurde 1817 in Garding auf der Halbinsel Eiderstedt als Sohn des dortigen Predigers geboren, der aus der Wiedingharde ganz im Norden Nordfrieslands stammte. Die Familie zog nach Oldesloe, als Theodor drei Jahre alt war. Berühmt wurde er mit seiner monumentalen „Römischen Geschichte“, für die er 1902, ein Jahr vor seinem Tod, den Nobelpreis für Literatur erhielt. Er wirkte als Professor für Römische Altertumskunde an der Universität in Berlin. Als liberaler Reichstagsabgeordneter trat er scharf gegen den Reichskanzler Bismarck auf.

Storm, Mommsen, Nolde – berühmte Nordfriesen

Den wohl weltweit bekanntesten Nordfriesen hat es nie gegeben: Hauke Haien, den Schimmelreiter aus Theodor Storms gleichnamiger Novelle, kennt man nicht nur in Deutschland, wo „Der Schimmelreiter“ zur Schullektüre gehört. Er brachte es zu internationalem Ruhm, insbesondere in Japan und China. Auch von den nordfriesischen Schriftstellerinnen machten einige um 1900 von sich reden, wie Thusnelda Kühl (1872–1935) aus Oldenswort, Margarete Böhme (1867–1939) und Franziska Gräfin zu Reventlow (1871–1918) aus Husum. Manche Bücher dieser Frauen erreichten in ihrer Zeit sogar höhere Auflagen als die Theodor Storms.

Nordfriesland ist die Heimat vieler Maler. Genannt seien neben Emil Nolde (1867–1956) nur Hans Peter Feddersen (1848–1941), Carl Ludwig Jessen (1833–1917), Christian Carl Magnussen (1821–1896) und Christian Albrecht Jensen (1792–1870). Eines der von Jensen geschaffenen Porträts erreichte eine Millionenauflage – das von Carl Friedrich Gauß auf dem letzten Zehnmarkschein der Deutschen Bundesbank.

Sogar ein Nobelpreisträger stammt aus Nordfriesland: der in Garding geborene Althistoriker Theodor Mommsen (1817–1903). Auch weitere bedeutende Wissenschaftler, zum Teil Pioniere in ihren Disziplinen, haben ihre Wurzeln in Nordfriesland. Johann Nicolaus Tetens (1736–1807) aus Eiderstedt war einer der großen Philosophen seiner Zeit. Der Pädagoge und Philosoph Friedrich Paulsen (1846–1908) aus Langenhorn zählte in der Zeit des Kaiserreichs zu den bekanntesten und einflussreichsten Gelehrten überhaupt. Ferdinand Tönnies (1855–1936) aus Oldenswort gilt als Begründer der Soziologie in Deutschland. Friedrich Esmarch (1823–1908) aus Tönning entwickelte neue Methoden in der Chirurgie. Und der in Husum geborene Oskar Vogt (1870–1959) war weltweit einer der führenden Hirnforscher; in 30 000 Schnitten sezierte er das Gehirn Lenins.

Als Bahnbrecher im politischen Bereich kann Uwe Jens Lornsen (1793–1838) aus Keitum auf Sylt angesehen werden, der seit 1830 für eine liberale Verfassungsreform in Schleswig-Holstein eintrat. Der Schriftsteller, Maler und Freiheitskämpfer Harro Harring (1798–1870) aus Wobbenbüll war im 19. Jahrhundert weithin bekannt und populär. Er setzte sich europa- und weltweit für die Völkerfreiheit ein und fand zeitweise so viel Anklang, dass er schon den Argwohn von Marx und Engels erregte.

Wegbereiter im religiösen Bereich waren Christian Jensen (1839–1900) aus Fahretoft, Begründer der in Indien, China und Ostafrika

Berühmte Persönlichkeiten aus Nordfriesland. Von links nach rechts: Margarete Böhme, Franziska Gräfin zu Reventlow, Emil Nolde, Theodor Mommsen, Friedrich Paulsen, Harro Harring

tätigen Breklumer Mission, und Ingwer Ludwig Nommensen (1834–1918) von Nordstrand, Missionar der Batak in Indonesien. In Nordsumatra wurde 1954 eine christliche Universität nach ihm benannt. Aber auch ein früher Vertreter des Atheismus stammt aus Nordfriesland, der 1646 in Oldenswort geborene Matthias Knutzen (gestorben nach 1674).
Zu den wirtschaftlich erfolgreichen Nordfriesen zählt der Pharmazeut Frederik Paulsen (1909–1997) von Föhr. Er verließ als NS-Verfolgter Deutschland und gründete in Schweden das heute weltweit tätige Unternehmen *Ferring,* benannt nach dem Friesischen seiner Heimatinsel. Sein jüngster Sohn gleichen Namens stiftete das renommierte Museum „Kunst der Westküste“ in Alkersum auf Föhr. Von dieser Insel stammt auch die Chefin des mächtigen Medienkonzerns Springer, Friede Springer geb. Riewerts.

101

Ordnen Sie folgende Tiere nach ihrer Körpergröße und beginnen Sie mit dem kleinsten:

a. kadüül

b. noop

c. würem

d. hingst

102

Was haben *twäär ååple* und *tou peere* gemeinsam?

a. Es sind beides Birnensorten.

b. Es sind jeweils zwei Stück.

c. Es ist beides Gemüse.

d. Beide schmecken nicht.

Richtige Reihenfolge Frage 101: b. c. a. d.

Das kleinste Tier in dieser Reihe friesischer Wörter von Amrum ist der *noop*, der Floh. Schon ein wenig größer von Statur ist der *würem*, der Wurm, gefolgt von der *kadüül*, der Eule und dem *hingst*, dem Pferd.

Richtige Antwort Frage 102: b.

Bei *twäär ååple* und *tou peere* handelt es sich um zwei Äpfel und zwei Birnen. Im Festlandsfriesischen macht es bei den Zahlwörtern von eins bis drei einen Unterschied, ob es sich um ein männliches oder ein weibliches Hauptwort handelt. Das männliche Zahlwort für „ein“ lautet *ån*, das weibliche und sächliche *iinj*. Für das deutsche „zwei“ gibt es *twäär* und *tou* und für „drei“ *tra* und *trii*. Drei Birnen wären also *trii peere* und drei Äpfel *tra ååple*.

103

Das Wort *müs* hat im Festlandsfriesischen zwei Bedeutungen. Es kann heißen:

a. Mus und Moos

b. Most und Mast

c. Maus und Mund

d. Mist und mies

104

Für einen seiner bekanntesten Romane erfand Siegfried Lenz den nordfriesischen Ort Rugbüll. Für welchen?

a. Deutschstunde

b. Heimatmuseum

c. Es waren Habichte in der Luft

d. Der Mann im Strom

Richtige Antwort Frage 103: c.

Wenn auch die Wörter für Mund und Maus gleich klingen, kommt es selten zu Verwechslungen. Wie im Deutschen ist der Mund auch auf Friesisch männlich, *di müs*, und die Maus weiblich, *jü müs*. Wenn man also möchte, dass ein Kompliment richtig verstanden wird, sollte man genau auf den Artikel achten.

Richtige Antwort Frage 104: a.

Siegfried Lenz erzählt in seinem 1968 erschienenen Roman „Deutschstunde" die Geschichte des jungen Siggi Jepsen. Siggis Vater, zur NS-Zeit Polizeibeamter, hat ein gegen den berühmten Künstler Nansen ausgesprochenes Malverbot zu überwachen. Siggi gerät in einen Zwiespalt zwischen kindlichem Gehorsam und moralischer Verantwortung gegenüber dem befreundeten Maler. Inspiriert ist die Figur Nansen von dem Schicksal des Expressionisten Emil Nolde. Rugbüll hat in dem Ort Rutebüll einen realen Namensvetter. Der Fernsehfilm zum Buch wurde 1971 in der Gegend um Niebüll gedreht.

„Schimmelreiter“ und „Deutschstunde“ – Nordfriesland in der Literatur

Nordfriesland war und ist Schauplatz von zahlreichen Gedichten, Erzählungen und Romanen. Seefahrt und Seenot, Deichbau und Sturmflut bieten ebenso dramatische Motive wie die Natur der Küstenwelt. Schon in Chroniken aus dem 17. Jahrhundert nimmt Nordfriesland eine Ausnahmestellung ein. Ähnlich bedeutsame literarische Zeugnisse gibt es sonst fast nur aus großen Städten.
Der bekannteste Schriftsteller Nordfrieslands ist Theodor Storm (1817–1888).

Theodor Storm.
Foto aus dem Jahr 1865

In dem Gedicht „Die Stadt" führt er seinen Geburts- und Heimatort Husum als „graue Stadt am Meer" in die Welt der Literatur ein. Sein Gedicht „Meeresstrand" beginnt mit den Zeilen:

„Ans Haff nun fliegt die Möwe,
Und Dämmrung bricht herein;
Über die feuchten Watten
Spiegelt der Abendschein.

Graues Geflügel huschet
Neben dem Wasser her;
Wie Träume liegen die Inseln
Im Nebel auf dem Meer."

Der poetische Realismus von Storms Novellen bewegt sich im Spannungsfeld zwischen Tragödie und Idylle und zeichnet, im Unterschied zu zahlreichen „Heimatromanen", kein verklärtes Bild Nordfrieslands.
Im ganzen deutschsprachigen Raum bekannt wurden die Nordfriesland-Balladen Detlev von Liliencrons (1844–1909). Nicht wenige Schulkinder mussten die Gedichte vom „blanken Hans" oder vom fiktiven friesischen Freiheitshelden Pidder Lüng mit der immer wiederkehrenden Parole *Lewer duar üs Slaav* („Lieber tot als Sklave") auswendig lernen.
Eine Schriftstellerin der literarischen Moderne war die in Husum geborene Franziska Gräfin zu Reventlow (1871–1918). Sie führte ein wildes Bohème-Leben inmitten der Münchner

Künstlerszene. In dem autobiografisch gefärbten Roman „Ellen Olestjerne" (1903) verlebt die Protagonistin eine unglückliche Kindheit in einem an Husum erinnernden Ort. In der Reihe „Nordfriesland im Roman" veröffentlicht das *Nordfriisk Instituut* Texte, die zu Unrecht in Vergessenheit geraten sind, zum Beispiel „Dammbau – Ein Sylter Roman" von Margarete Boie (1880–1946), der 1930 das erste Mal erschien.

Zu den bekanntesten deutschen Kinderbuchautoren zählt der Helgoländer James Krüss (1926–1997). Mit seinem Buch „Mein Urgroßvater und ich" gewann er 1960 den Deutschen Jugendbuchpreis. Am populärsten sind aber die Geschichten vom Waisenjungen „Timm Thaler". Zu Weihnachten sagt manches Kind das lustige Gedicht „Die Weihnachtsmaus" auf. Auch der Sylter Boy Lornsen (1922–1995) schrieb vor allem für Kinder und Jugendliche. Sein bekanntestes Werk ist „Robbi, Tobbi und das Fliewatüüt", das mithilfe von Marionetten verfilmt wurde.

Siegfried Lenz (geboren 1926) wählt den fiktiven nordfriesischen Ort Rugbüll als Schauplatz für seinen Roman „Deutschstunde", der Fragen nach Schuld und Verantwortung in der Zeit des Nationalsozialismus verhandelt. Im Roman „Friesenblut" von Olaf Schmidt (geboren 1971) werden verschiedene Entwürfe nordfriesischer Heimat dargestellt. Und angesichts des derzeitigen Angebots an „friesischen" Kriminalromanen – wie „Deichgrab" von Sandra

Dünschede, „Die letzte Tide“ von Kari Köster-Lösche und „Tod in der Marsch“ von Hannes Nygaard – könnte man meinen, in jeder Wehle Nordfrieslands liege mindestens eine Leiche versteckt.

105

Welche Charakterisierung der Friesen findet sich in Theodor Storms Alterswerk „Der Schimmelreiter“?

a. Die Friesen schreiben gut.

b. Die Friesen malen gut.

c. Die Friesen rechnen gut.

d. Die Friesen singen gut.

106

Iinjsen as niinjsen heißt:

a. Einmal ist keinmal.

b. Reden ist Silber, Schweigen ist Gold.

c. Eine Hand wäscht die andere.

d. Lieber heute als morgen.

Richtige Antwort Frage 105: c.

Theodor Storm nennt in diesem Zusammenhang den Landwirt Hans Momsen aus Fahretoft, der nie eine Universität besuchte, aber schwierige mathematische Aufgaben lösen und astronomische Geräte konstruieren konnte. Tatsächlich gab es recht viele Friesen mit naturwissenschaftlichen Fähigkeiten. Diese wurden benötigt für den Bau und die Unterhaltung der Deiche oder die Landvermessung. Für nordfriesische Seefahrer waren Kenntnisse der Navigation unerlässlich, wenn sie zum Steuermann oder Kapitän aufsteigen wollten, was vielen gelang. Auf den Inseln bestanden private Navigationsschulen.

Richtige Antwort Frage 106: a.

„Einmal ist keinmal" lautet in diesem Fall die Devise. Die Wörter *iinjsen* und *niinjsen* sind Zusammensetzungen aus dem Wort *iinj* für „ein(e)" und *niinj* für „kein(e)". Das Wort „sein" heißt auf dem Festland *weese* und wird folgendermaßen gebeugt: *Ik ban, dü bast, hi/jü/hat as, we san, jam san, ja san.*

107

Wenn ein Ausflug zu einem *Haubarg* geplant ist, wohin geht es dann?

a. **zu einem historischen Haus**

b. **zu einem Boxkampf**

c. **zu einem Zoo**

d. **zu einer Kirche**

108

Wie nennt man den Vorgang, in dem sich zwei Liebende in den Bund der Ehe begeben?

a. **fleute**

b. **bred**

c. **frei**

d. **horle**

Richtige Antwort Frage 107: a.

Fast ausschließlich in Eiderstedt findet man diese stattliche Bauernhausform mit hohem Reetdach. Von Ost- und Westfriesland gelangte sie im 17. Jahrhundert auf die Halbinsel. In dem großen Vierkant lagerte man die Ernte, woraus sich auch der plattdeutsche Name ableitet. *Haubarg* ist also eine Stätte, in der man das Heu birgt. Der bekannteste ist der „Rote Haubarg" in Witzwort auf der Halbinsel Eiderstedt. Er ist heute Restaurant, Café und Museum.

Richtige Antwort Frage 108: c.

Den Ausdruck *frei* für „heiraten" gibt es – wenn auch jeweils etwas unterschiedlich geschrieben – in ganz Nordfriesland. Das Wort ist verwandt mit dem gotischen Verb *frijon* für „lieben". Im Deutschen verwendet man den Ausdruck vor allem noch für jemanden, der sich „auf Freiersfüßen" befindet – und für ganz besondere Freier ... *Fleute* heißt auf Föhr und Amrum „flöten" oder „pfeifen", *bred* „brüten" und *horle* „wirbeln".

109

Was bedeutet „Deichgraf"?

a. **höchste Auszeichnung Nordfrieslands**

b. **Vorsitzender eines Deichverbandes**

c. **Gaststätte unmittelbar am Deich**

d. **höchste Stelle des Deiches**

110

Welcher deutschen Märchenfigur ähnelt die nordfriesische Sagengestalt Ekke Nekkepenn?

a. **dem bösen Wolf**

b. **Rumpelstilzchen**

c. **dem tapferen Schneiderlein**

d. **König Drosselbart**

Richtige Antwort Frage 109: b.

Heutzutage ist der Deichgraf der Vorsitzende eines Deich- und Sielverbandes. Er betreut die Instandhaltung der zweiten Deichlinie und die Entwässerung des Hinterlandes. Früher war der Deichgraf auch für die Seedeiche zuständig. Dazu gehörten sowohl die Finanzierung der Baumaßnahmen als auch die Deichunterhaltung nebst Straf- und Zwangsmaßnahmen gegen die säumigen Deichpflichtigen. Der Erste in Nordfriesland, der den Titel „Deichgraf" erhielt, war 1609 der Niederländer Johann Claussen Rollwagen, nach dem im Gotteskoog der Entwässerungsgraben „Rollwagenzug" benannt wurde.

Richtige Antwort Frage 110: b.

Ekke Nekkepenn ist der sagenhafte nordfriesische Meergott. Er soll, genau wie seine Gemahlin Ran, eine hässliche, walrossähnliche Gestalt haben. Dennoch kommt er immer wieder an Land, um hübschen Mädchen nachzustellen. In einer Sage ähnelt Ekke der Figur des Rumpelstilzchens. Er bedrängt die hübsche Inge von Rantum und bringt sie in seine Gewalt. Doch weil Inge seinen Namen herausbekommt, muss er sie wutschnaubend gehen lassen. Seither tut er alles, um Rantum zu schaden, und schickt Stürme und Überschwemmungen an die Küste Sylts.

„Geizhals“ und „Dunkle Hochzeit“ – Literatur auf Friesisch

In der nordfriesischen Literatur wimmelt es nur so von seltsamen Gestalten und aparten Begebenheiten. Der wüste Meeresgott Ekke Nekkepenn stellt den Sylter Frauen nach. Der *Lekkelk Stjürman* („Glücklicher Steuermann“) findet nach einer schicksalhaften Seefahrt in Jap P. Hansens Erzählung die Liebe seines Lebens wieder. Jap P. Hansen (1767–1855) war es auch, der im Jahr 1809 das erste gedruckte Buch in nordfriesischer Sprache herausbrachte: die Komödie *Di Gidtshals, of di Söl'ring Pidersdei* („Der Geizhals oder der Sylter Petritag“). Dieses Theaterstück handelt von einem wohlhabenden Bauern, der seine Familie mit seinem Geiz drangsaliert, ehe er am Ende zum Guten bekehrt wird. Bis heute wurde eine Vielzahl von friesischen Theaterstücken verfasst und vor einem begeisterten Publikum aufgeführt, wie *Oome Peetje ütj Amerika* („Onkel Peter aus Amerika“) von dem Föhrer L. C. Peters (1885–1959), *Skap üüb strun* („Schiff auf dem Strand“) von der Amrumerin Thea Andresen (1916–2001) oder *Kining Abel* („König Abel“) von Ingwer Nommensen (geboren 1955) aus Niebüll.

Die weitaus größte Textfülle ist im Bereich der Gedichte und Liedern entstanden. Den Anfang für das nordfriesische Festland machte der Risumer Bende Bendsen (1787–1875) mit seinem 1860 gedruckten Gedicht *Üüs driimerai* („Unsere Träumerei“) mit den Anfangszeilen:

We driime än wansche sü foole tuhuup'
än hoowe ålt' bäädere deege.
Duch gungt e natör harn eewie luup
än leet har foon niimen besteege.

„Wir träumen und wünschen so viel
und hoffen stets auf bessere Zeiten.
Doch geht die Natur ihren ewigen Gang
und lässt sich von niemandem bestechen.“

Der Gedichtband *De freske Sjemstin* („Der friesische Spiegel“) von Moritz Momme Nissen (1822–1902) aus Enge-Sande enthält zahlreiche Lieder und Gedichte über das friesische Leben. Zu seinen Lebzeiten hat Nissen ein umfangreiches Werk geschaffen, dem leider der erhoffte Erfolg verwehrt blieb.
Auch Albrecht Johannsen (1888–1967) aus Deezbüll hat ein umfangreiches Werk hinterlassen, etwa den Gedichtband *Beerid* („Ernte“). An dessen Anfang steht der Text des nordfriesischen Flaggenliedes *Gölj – Rüüdj – Ween* („Gold – Rot – Blau“), das mit den Zeilen endet: *Än wansch ik en mansche trou, liiwde än luk, sü flåg ik ma gölj, rüüdj än ween* („Und wünsche ich einem Menschen Treue, Liebe

und Glück, so flagge ich mit Gold, Rot und Blau.")

Als herausragender Lyriker gilt der Sylter Jens E. Mungard (1885–1940). Er gehörte zu den ganz wenigen „Heimatdichtern" in Deutschland, die sich gegen den Nationalsozialismus stellten. Er starb im Konzentrationslager Sachsenhausen. Eine Auswahl seiner weit über 700 Gedichte erschien mit deutscher Nachdichtung in dem Buch „Gedichte – *Dechtings*". In dem Gedicht *Min Bloom* charakterisiert er sich selbst.

Ströntistel es min Bloom,
Ströntistel neem's uk mi.
Jü gröört üp Dünemsön,
ik üp des Leewents-Strön,
en Proter haa wat biið.

„Stranddistel, meine Blume.
Stranddistel nennen sie auch mich.
Sie wächst auf Dünensand,
ich auf des Lebens Strand,
und Stacheln haben wir beide."

Viele Gedichte wurden vertont. Das Vorurteil *Frisia non cantat* („Friesland singt nicht") wird durch die zahlreichen nordfriesischen Liederbücher widerlegt. Vor allem die Insel Föhr gilt in Nordfriesland als Sängerhochburg, in der Lieder wie *Rüm hart, klaar kiming* zu jeder sich bietenden Gelegenheit angestimmt werden.

Zu den Verfassern von Erzählungen gehört der Amrumer Christian Johansen (1820–1871). In *Arammud an Dögganhaid* („Armut und Tugend") schildert er die kargen Lebensverhältnisse auf seiner Heimatinsel. Auch der Klockrieser Nis Albrecht Johannsen (1855–1935) beschrieb das Alltagsleben der einfachen Leute, die durch Rechtschaffenheit und Tugend zu ihrem Glück finden. Auf Wiedingharder Friesisch schilderte Peter Jensen (1861–1939) soziale Probleme wie den Umgang mit unehelichen Kindern oder die Folgen von Trunksucht. Eine der derzeit produktivsten Autorinnen ist die Föhrerin Ellin A. Nickelsen (geboren 1956). Mit ihrer Novelle *Jonk Bradlep* („Dunkle Hochzeit"), in der sich Alltägliches und Mythisch-Mystisches mischen, ist die nordfriesische Literatur thematisch in der Gegenwart angekommen.

In den vergangenen zwei Jahrzehnten haben Wettbewerbe die friesische Literatur bereichert. Die seit 2001 vom Norddeutschen Rundfunk gemeinsam mit dem *Nordfriisk Instituut* und den regionalen Sparkassen ausgerichteten Schreibwettbewerbe *Ferteel iinjsen!* („Erzähl mal!") finden großen Anklang. Die Spannweite der eingesandten Kurzgeschichten reicht von Kriminalfällen über Abenteuer bis hin zu Romanzen.

111

In welcher Reihenfolge zieht man sich folgende Kleidungsstücke an, wenn man bei den Füßen beginnt und am Kopf aufhört?

a. **brek**

b. **höösen**

c. **mots**

d. **schört**

112

Welcher Vogel wird auch „Halligstorch“ genannt?

a. **Säbelschnäbler**

b. **Austernfischer**

c. **Silbermöwe**

d. **Kiebitz**

Richtige Reihenfolge Frage 111: b. a. d. c.

Wenn man sich auf Föhr von Fuß bis Kopf anzieht, dann fängt man an mit den *höösen*, den Strümpfen. Es folgen die *brek*, die Hose, und dann das *schört*, das Hemd. Zu guter Letzt kommt noch eine *mots*, eine Mütze, auf den Kopf, und schon kann der Tag beginnen. Das Wort *höösen* ist verwandt mit der deutschen Hose und *mots* mit der Mütze. Verwandte in der englischen Sprache haben die Bezeichnungen *brek* (*breeches*) und *schört* (*shirt*).

Richtige Antwort Frage 112: b.

Der Austernfischer gilt als Charaktervogel des Wattenmeeres. Er wird etwa so groß wie ein Rabe oder eine Krähe. Sein Körper ist oben schwarz und unten weiß, der Schnabel orange, die Beine und Augen sind rot. Deshalb wird er scherzhaft „Halligstorch“ genannt. Austernfischer brüten an offenen Stellen im Küstengebiet, neuerdings auch in Ortschaften. Ihre Nistplätze legen sie in den Dünen und Wiesen oder auf flachen Hausdächern an.

113

Wer ist Nis Puk?

a. **ein Seemann**

b. **ein Kobold**

c. **ein Riese**

d. **ein heidnischer Gott**

114

Opas Hund hat langes und wuscheliges ...

a. **fälj**

b. **hoose**

c. **bjard**

d. **schan**

Richtige Antwort Frage 113: b.

Nis Puk ist eine der bekanntesten nordfriesischen Sagengestalten. Er ist ein Kobold und lebt bei den Menschen im Haus. Man sollte ihn tunlichst auf seiner Seite haben, denn wenn er einem nicht wohlgesonnen ist, kann er dem Haushalt durch allerlei Schabernack Schaden zufügen. Um ihn bei Laune zu halten, stellt man dem kleinen Mann regelmäßig seine Lieblingsspeise hin: Grütze mit einem ordentlichen Stück Butter.

Richtige Antwort Frage 114: d.

Das friesische Wort für „Fell“ ist auf dem Festland *schan*. Die Übersetzung geht eventuell etwas leichter vonstatten, wenn man das auf Föhr und Amrum benutzte friesische Wort für „Fell“ kennt, das *skan* lautet. Und wenn man weiß, wie nah verwandt Englisch und Friesisch sind, dann fällt die Ähnlichkeit zum englischen *skin* auf, das „Haut“ bedeutet. Was ist ein Fell anderes als die mit Haaren bedeckte Haut? *Fälj* bedeutet „Feld“, *hoose* ist der Strumpf, *bjard* der Bart.

115

Welchen Teil eines Hauses bezeichnet *uuch*?

a. Fenster

b. Torbogen

c. Wand

d. Ofen

116

Wer auf Sylt in den Denghoog steigt, begibt sich in ...

a. Lebensgefahr

b. eine friesische Denkfabrik

c. eine angesagte Kneipe

d. die Steinzeit

Richtige Antwort Frage 115: c.

Das festlandsnordfriesische Wort *uuch* bedeutet „Wand“, und es ist von seiner Herkunft her ein Wort für „Flechtwerk“. Das deutet auf die Beschaffenheit früherer Wände hin, die größtenteils aus geflochtenem, mit Lehm ummanteltem Material bestanden. Das altfriesische Wort lautete *wâch*, das heutige Sylter Wort *Wuch*. Im Föhrer und Amrumer Friesisch heißt die Wand *woch*.

Richtige Antwort Frage 116: d.

Der 5 000 Jahre alte Grabhügel „Denghoog“ in Wenningstedt gehört zu den bedeutendsten seiner Art in Nordeuropa. Die knapp zwei Meter hohe, etwa fünf Meter lange und drei Meter breite Grabkammer ist begehbar. In die Grabkammer führt ein sechs Meter langer Kriechgang. Der friesische Name setzt sich vermutlich aus den Bestandteilen *Inge* für „Wiese“ und *Hoog* für „Grabhügel“ zusammen. Das Denkmal wird von der *Söl'ring Foriining,* dem Sylter Heimatverein, betreut.

Die Badegäste kommen – die Geschichte des Fremdenverkehrs

Das Baden im Meer ist eine Freizeitbeschäftigung, die es noch nicht sehr lange gibt. Erst seit dem Ende des 18. Jahrhunderts kam es langsam in Mode, sich an ein Gewässer zu begeben und in dessen Fluten zu steigen. Der Trend kam aus England: Dort empfahlen die Ärzte ihren adeligen Patienten, der Gesundheit wegen in der Brandung des Meeres zu baden. Das war ein Novum, hatte doch das Meer vorher stets als gefährlich und unheimlich gegolten. Bald rieten auch deutsche Mediziner ihren gut betuchten Patienten zu Badekuren, und so reisten immer mehr Menschen an die Küsten. Das erste Seebad in Nordfriesland war Wyk auf Föhr, das 1819 gegründet wurde. 1826 zog Helgoland nach, 1855 erhielt Westerland auf Sylt das Prädikat eines Seebades, und der Ort Wittdün auf Amrum wurde sogar 1890 eigens als Ferienort neu gegründet. Die Amrumer befürchteten einen Verfall der heimischen Sitten und lagerten so die Urlaubsgäste an die Südspitze ihrer Insel aus. 1877 eröffnete das erste Hotel in St. Peter-Ording.

Das Baden war damals eine Angelegenheit, die Disziplin erforderte, schließlich diente es

Badeleben in der flaggenfreudigen Kaiserzeit vor dem Ersten Weltkrieg – hier auf Sylt.

nicht in erster Linie dem Vergnügen. Um Zucht und Ordnung während des Badevorgangs einzuhalten, wurden die Gäste mit einem Wagen ins Wasser gezogen. An der Rückseite befand sich ein kleines Zelt, unter dem man vor den Blicken anderer geschützt baden konnte. Natürlich waren Frauen und Männer dabei streng voneinander getrennt. Dass die Nordseeküste auch heute noch ein Ort der Erholung und der gesundheitlichen Regeneration ist, beweisen die zahlreichen Kurheime, etwa auf Sylt, Föhr und Amrum.

Im 19. Jahrhundert konnten sich immer mehr Menschen eine Reise ans Meer leisten, aber erst nach dem Zweiten Weltkrieg wurde Badeurlaub etwas für Jedermann. Schon lange hat der Tourismus die Landwirtschaft als wichtigsten Wirtschaftszweig Nordfrieslands abgelöst – im Jahr 2011 entfielen auf jeden Einwohner des Kreises 42 Übernachtungen. Damit ist Nordfriesland einer der touristisch bedeutendsten Kreise in Deutschland. Auf den Inseln macht sich das auf ganz besondere Weise bemerkbar. Hier haben zum Beispiel die Schulkinder nur fünf Wochen Sommerferien, dafür aber drei Wochen im Herbst, um dann mit den Eltern verreisen zu können.

Einen ganz besonderen Ruf genießt die Insel Sylt. Die Erreichbarkeit über einen Eisenbahndamm, die hohe Dichte an Restaurants und Hotels und das Image als „Insel der Reichen und Schönen“ gehen mit hohen Immobilienpreisen einher und haben dazu beigetragen, dass sich manche Einheimischen das Leben auf Sylt nicht mehr leisten können. Auf Sylt führt die friesische Sprache inzwischen ein Nischendasein, obwohl der Sylter Ort Kampen mit einem zweisprachigen Ortsschild Vorreiter für ganz Nordfriesland war. Anders sieht es auf Föhr aus. Hier floriert die friesische Sprache. Die Kultur hat durch den Tourismus aber auch an Ansehen gewonnen; die Begeisterung für die typischen Friesenhäuser verschafft der regionalen Architektur einen besonderen Wert.

117

Was sind „Buhnen“?

a. **Dünengewächse**

b. **Schutzhütten auf den Halligen**

c. **Bauwerke zur Küstensicherung**

d. **Bretter, aus denen die Dünenwanderwege bestehen**

118

Wer auf Föhr in der *büürerei* arbeitet, ist ...

a. **Landwirt**

b. **Geburtshelfer**

c. **Maurer**

d. **Bäcker**

Richtige Antwort Frage 117: c.

Buhnen sind Bauwerke für den Küstenschutz, die jeweils etwa 100 Meter ins Meer hinausragen. Sie können aus Holzpfählen, Beton, Steinen oder Stahlspundwänden bestehen. Dem Küstenschutz dienen auch „Lahnungen". Sie bestehen aus zwei etwa einen Meter hohen Pfahlreihen, zwischen die Stroh, Buschwerk oder Reisigbündel (Faschinen) gepackt, festgestampft und mit Draht befestigt werden. Für Badende können Buhnen gefährlich sein. Mit Warnschildern wird darauf hingewiesen.

Richtige Antwort Frage 118: a.

Die Landwirtschaft wird auf Föhr und Amrum als *büürerei* bezeichnet, der Landwirt selbst als *büür*. Und wer eine „Bauerei" betreibt, der *büüret*. Nur bei der Bezeichnung der Bäuerin ist die friesische Sprache nicht kürzer und prägnanter als die deutsche, sie heißt nämlich *büürenwüf*, wörtlich „Bauersfrau". Diese Umschreibung gibt jedoch inzwischen vielleicht eher die Wirklichkeit wieder. Heutzutage arbeitet die Ehefrau des Bauern nicht zwingend als Bäuerin mit auf dem Hof.

119

Worauf weist die Endung *-lund* in den Ortsnamen Ladelund, Joldelund und Haselund hin?

a. Wäldchen

b. See

c. Hünengräber

d. Moor

120

Was bezeichnet der *uukelnoome*?

a. Familienname

b. Geburtsname

c. Nachname

d. Spitzname

Richtige Antwort Frage 119: a.

Die Bezeichnung „Lund“ kommt aus dem Dänischen und deutet auf ein Gehölz oder einen lichten Wald hin. Diese Ortsnamen findet man im Kreis Nordfriesland nur im Osten auf der Geest, die schon im frühen Mittelalter von den Jüten besiedelt wurde. In Skandinavien hingegen gibt es eine Vielzahl dieser Ortsnamen.

Richtige Antwort Frage 120: d.

Uukelnoome ist ein festlandsnordfriesisches Wort für den „Spitznamen“, den Beinamen. In Nordfriesland und anderswo wurden und werden unter anderem Berufsbezeichnungen zu Beinamen umfunktioniert; *Peetje Sütjer* ist beispielsweise Peter Schuster. Das erste Wortglied *uukel-* lässt sich zurückführen auf das altfriesische *âka*, verwandt mit dem lateinischen *augere*, was so viel bedeutet wie „vermehren“. Und das passt, schließlich vermehrt beziehungsweise bereichert so ein *uukelnoome* die Bedeutung eines Namens. Im Niederdeutschen findet man den *Ökelnaam*, im Dänischen den *øgenavn*.

121

Wer würde sich als *hulk* bezeichnen?

a. eine beleidigte Person

b. eine betrunkene Person

c. eine verheiratete Person

d. eine vermummte Person

122

Was möchte man auf Föhr zu sich nehmen, wenn man im Restaurant einen „Manhattan“ bestellt?

a. einen Fisch

b. ein Getränk

c. ein Schokoladendessert

d. eine Vorspeise

Richtige Antwort Frage 121: d.

Das Wort *hulk* gibt es in mehreren nordfriesischen Dialekten. Es bezeichnet eine vermummte Person. Heutzutage gibt es vor allem auf Amrum noch das *hulkin*, also das Verkleiden an Silvester, wobei das Von-Haus-zu-Haus-Ziehen eine Gelegenheit zum Nachbarschaftsumtrunk darstellt. Im *Öömrang* nennt man den Silvesterabend daher auch *hulkinj*. Das Wort *hulk* steht in Verbindung zum mittelniederdeutschen *hülleken* oder *hulleken*, was so viel wie „Häubchen" bedeutet. Auch im heutigen Niederdeutsch kennt man die *Hulk* oder *Hüll*, die „Mütze".

Richtige Antwort Frage 122: b.

„Manhattan" heißt ein Cocktail, der im Wesentlichen aus Whisky und Wermut besteht. Rückwanderer aus New York brachten ihn in den 1960er-Jahren mit auf die Insel Föhr, wo er zu einem typischen Inselgetränk wurde. Fast jedes Haus kennt sein eigenes Rezept.

Auch wenn das Bild in den Medien oft etwas anderes suggeriert: In Nordfriesland wird bei Weitem nicht so viel Tee getrunken wie bei den „Stammesbrüdern“ in Ostfriesland.
Im Teepunsch, dem „Nationalgetränk“ der Nordfriesen, darf er aber nicht fehlen. Neben sehr dünnem Tee gehört in das Heißgetränk noch ein Schluck weißer oder gelber Kümmelschnaps (*Köm*). Die Entscheidung für eine Sorte richtet sich danach, wo man in Nordfriesland lebt, denn es gibt eine „Teepunschgrenze“, die südlich von Bredstedt entlang des Flüsschens Arlau verläuft. Nördlich der Arlau gibt man *geele Köm* („gelben Köm“), südlich des Flusses *witte Köm* („weißen Köm“) in den Tee.
Ein weiteres sehr beliebtes alkoholisches Heißgetränk ist der Pharisäer, bestehend aus Kaffee, Rum, Zucker und Schlagsahne. Der Überlieferung nach versuchten die Nordstrander, mithilfe des Sahnehäubchens den enthaltenen Alkohol vor einem moralisierenden Pastor zu verbergen. Als er den Schwindel bemerkte, soll er ausgerufen haben: „Oh, ihr Pharisäer!“

Wer schwer arbeitet, braucht eine deftige Mahlzeit, um wieder zu Kräften zu kommen. Daher kamen früher auf den nordfriesischen Bauernhöfen gerne Kartoffeln, Kohl, fettes Fleisch und gestovtes (gedünstetes) Gemüse auf den Tisch. In Nordfriesland sind diese Gerichte immer noch beliebt. Im Winter lädt fast jeder Verein seine Mitglieder zum Grünkohlessen mit süßen Kartoffeln, Kassler, Schweinebacke und gekochten Würsten ein. Auch die Suppen dürfen nicht zu dünn sein, so wie die „Frische Suppe" mit reichlich Gemüse oder die Weinsuppe mit Schinken, die zu Festlichkeiten serviert wird. Aus den Holunderbeeren, die an vielen Orten Nordfrieslands wild wachsen, kocht man eine Suppe mit Grießklößen und Apfelstücken.

Früher wurden jedes Jahr Tausende von Aalen aus Flüssen und Kanälen gefangen, die nicht nur geräuchert gut schmecken. Einige Gaststätten boten und bieten „Aal satt" an, das heißt man kann dort so viel Aal essen, wie man schafft. Doch inzwischen sind die Aale knapp geworden. Schon in alten Zeiten kamen vor allem auf den Halligen Krabben auf den Tisch. Das Krabbenfischen war für die Halligleute nicht allzu schwer, und auch Schollen und andere Plattfische konnten sie mit den Händen aus dem Wasser fischen (*bute graple*, „Schollen greifen"). Heutzutage sind diese Mahlzeiten eher etwas Besonderes.

In Nordfriesland hat man immer schon gerne mittags etwas Süßes gegessen, so zum Bei-

Frische Nordseekrabben sind eine nordfriesische Delikatesse. Der Pharisäer – Kaffee mit Rum, Zucker und Schlagsahne – gilt neben dem Teepunsch als „Nationalgetränk" der Nordfriesen.

spiel Rote Grütze, Pfannkuchen oder Mehlbeutel (Mehlkloß). Und eine Kaffeetafel ohne Torten, Kuchen oder zumindest Kekse kann man sich hier kaum vorstellen. Bei Festlichkeiten wie etwa einer Hochzeitsfeier wird dies auch zu Mitternacht serviert. Die Förtchen, *futjen*, sind in der Weihnachtszeit und besonders zu Silvester eine beliebte Mahlzeit. Sie werden in einer speziellen Pfanne mit kugelrunden Vertiefungen in Fett ausgebacken und heiß verzehrt.

123

Die Farben *ween* und *gööl* ergeben vermischt

a. brün

b. gra

c. wit

d. gräin

124

Was sind für die Friesen „goldene Ringe“?

a. ihre Boote

b. ihre Deiche

c. ihre Dörfer

d. ihre Augenringe

Richtige Antwort Frage 123: d.

Wenn man *ween* („Blau") mit *gööl* („Gelb") mischt, entsteht *gräin* („Grün"). Diese Bezeichnungen findet man im Friesischen der Gegend um Niebüll. Auf Sylt heißt Gelb *güül,* Blau *blö* und Grün *green,* ganz ähnlich auf Föhr und Amrum, wo die Farben *güül, blä* und *green* heißen. Auffällig ist die festlandsfriesische Bezeichnung für die Farbe Blau: *ween.* Das Wort stammt ab vom altfriesischen Wort *wêden,* „waidfarben". Aus der Pflanze Färberwaid gewann man Indigoblau als Farbstoff.

Richtige Antwort Frage 124: b.

Da neu bedeichtes Land sehr fruchtbar ist und sich durch Ackerbau und Viehzucht hohe Gewinne erzielen ließen, bezeichnete man die Deiche lange Zeit als „goldene Ringe". Besonders hoch waren die Erträge in den ersten Jahrzehnten nach einer Eindeichung. In der sehr fruchtbaren jungen Marsch dominiert zumeist der Weizenanbau, während in der alten Marsch vor allem Weidewirtschaft zum Mästen oder für die Milchviehhaltung betrieben wird.

125

Was gibt es zu essen, wenn auf Föhr *eerdaapler* serviert werden?

a. Nudeln

b. Kartoffeln

c. Steckrüben

d. Äpfel

126

Bringen Sie die folgenden friesischen Monatsnamen in die richtige Reihenfolge, beginnend mit dem frühesten Monat:

a. ismoune

b. krölemoune

c. uursmoune

d. beeridmoune

Richtige Antwort Frage 125: b.

Viele Inselfriesen fuhren im 17. und 18. Jahrhundert von niederländischen Häfen aus auf Walfang. Auch sonst war die Verbindung mit den Niederlanden eng. Auf diese Weise sind niederländische Wörter nach Nordfriesland gekommen. Kartoffeln heißen dort *aardappelen* („Erdäpfel"). Auf Sylt sagt man *Iart-* oder *Jiartapeler,* in der Gegend um Niebüll jedoch *kantüfle.*

Richtige Reihenfolge Frage 126: a. c. b. d.

Auf dem nordfriesischen Festland gibt es neben den allgemein bekannten auch poetische Bezeichnungen für die Monate. Das Jahr beginnt mit dem *ismoune,* dem „Eismonat", also dem Januar. Der *uursmoune* ist der „Frühlingsmonat", also der März. Im *krölemoune* (Mai) blühen die *kröle,* die Blumen. Im *beeridmoune,* im August, wird schon die erste Ernte, die *beerid,* eingefahren. Man kann die Monate auf Friesisch aber auch einfach *januar, marts, moi, august* nennen.

127

Welche „Gewürzwiese“ wird nicht nur von Köchen geschätzt und geschützt?

a. **Pfefferfenne**

b. **Salzwiese**

c. **Curryweide**

d. **Paprikafeld**

128

Formen Sie aus folgenden Wörtern einen bekannten friesischen Spruch:

a. **duar**

b. **Slaav**

c. **Lewer**

d. **üs**

Richtige Antwort Frage 127: b.

Als „Salzwiese“ bezeichnet man das begrünte Vorland zwischen Deich und Watt. Dieses Gebiet wird oft vom Meerwasser überflutet. Daher müssen die dort wachsenden Pflanzen salztolerant sein. Von den über 50 Pflanzenarten, die man auf diesen Vorlandwiesen findet, hat eine ihren Weg in die nordfriesische Küche gefunden. Die jungen Blätter des Strandwegerichs (friesisch: *süde*) können roh oder gekocht verzehrt werden. Die Salzwiesen sind auch die Heimat von über 2 000 Tierarten und stehen meist unter Naturschutz.

Richtige Reihenfolge Frage 128: c. a. d. b.

Lewer duar üs Slaav, „Lieber tot als Sklave“, so lautet der Wahlspruch, mit dem die Nordfriesen seit dem 19. Jahrhundert ihren Unabhängigkeitssinn ausdrücken. Es gibt den Spruch nicht nur in allen nordfriesischen Mundarten – das Beispiel kommt von der Insel Sylt –, sondern in ähnlicher Form auch in West- und Ostfriesland.

Ein Stein mit dem nordfriesischen Wappen heißt seit dem Jahr 2000 Besucher auf der Hallig Langeneß willkommen. Der Wahlspruch „Lieber tot als Sklave" ist hier auf Halligfriesisch eingemeißelt.

Gold – Rot – Blau weht die nordfriesische Fahne. Für die nordfriesische Trikolore wurde diese Farbenfolge 1929 festgelegt. In der Hymne *Gölj – Rüüdj – Ween*, die vor allem auf dem Festland gern gesungen wird, werden die Farben in Beziehung gesetzt zur nordfriesischen Landschaft, zu einer geliebten Frau und zu einer Tugend oder Eigenschaft: Liebe, Glück und Treue.

Auch das Wappen Nordfrieslands ist in diesen Farben gehalten. Es gibt sogar zwei Wappen. Das offizielle des Kreises Nordfriesland geht auf das alte Wappen der Landschaft Eiderstedt zurück. Mit drei Koggen symbolisiert es die Dreiheit der einstigen Kreise Südtondern, Husum und Eiderstedt, die 1970 im Kreis Nordfriesland zu einer Einheit wurden. Die Schiffe selbst und die Zeichen in den Großsegeln – Pflugschar, Hering und Stierkopf – weisen auf traditionelle Wirtschaftsformen in Nordfriesland hin.

Aus den 1840er-Jahren stammt das Nordfriesen-Wappen, das ein in der Heraldik ansonsten wohl nicht verwendetes Motiv zeigt, nämlich einen Grütztopf. Dieser war von den Erfindern des Wappens als Symbol der Brüderlichkeit in dem Sinne gedacht, dass früher alle aus einem Topf aßen. Später wurde er im Zeichen der deutsch-dänischen Auseinandersetzung umgedeutet. Demnach schlugen friesische Frauen Feinde – man dachte insbesondere an die Dänen – mit heißer Grütze in die Flucht. Die Krone weist auf den Landesherrn hin. Der halbe Adler repräsentiert die Freiheit, die den Friesen von deutschen Kaisern gewährt worden war.

Auf der Fahne mit dem Grütztopfwappen findet man häufig die Aufschrift *Lewer duar üs Slaav* („Lieber tot als Sklave“), den es in unterschiedlicher sprachlicher Ausprägung in ganz Nordfriesland gibt. Er bringt friesisches Freiheitsbewusstsein auf den Punkt – besser gesagt: Er überspitzt es. Der Wahlspruch geriet manchmal zu einer Phrase ohne Sinn und wurde zum Beispiel in der Zeit des Nationalsozialismus missbraucht. Bekannt wurde das Wort seit Ende des 19. Jahrhunderts durch eine Ballade Detlev von Liliencrons, der auch dem Spruch „Trutz, blanke Hans“ ein Gedicht widmete.

Die zweite sehr bekannte nordfriesische Lebensweisheit lautet: *Rüm hart, klaar kiming* („Weites Herz, klarer Horizont“). Über ihre Entstehung weiß man wenig, sicherlich besteht ein Zusammenhang mit der Seefahrt der Inselfriesen. Erst im 20. Jahrhundert sicher nachgewiesen ist ein altertümlich anmutendes Wort, das den friesischen Stolz auf die große

Das aus den 1840er-Jahren stammende Nordfriesen-Wappen zeigt Krone, Adler und Grütztopf als Symbole für den Landesherrn, die vom deutschen Kaiser gewährte Freiheit und die Brüderlichkeit (früher aßen alle aus einem Topf).

Leistung der Landgewinnung ausdrückt: *Deus mare, Friso litora fecit* – „Gott schuf das Meer, der Friese die Küste".

In Eiderstedt ist ein plattdeutscher Trinkspruch sehr beliebt. Im Nordischen Krieg (1700–1721) hielten Soldaten ein Zechgelage. Ein Eiderstedter Mädchen namens Martje Flohrs brachte den Trinkspruch aus: *Et gah uns wohl op unse olen Dage* („Es gehe uns wohl auf unsere alten Tage"). Die lärmende Runde wurde auf einen Schlag sehr nachdenklich.

129

Wann ist etwas *snuublik*?

a. **Wenn es „plötzlich“ passiert.**

b. **Wenn es „niedlich“ aussieht.**

c. **Wenn es sich „seltsam“ verhält.**

d. **Wenn es „unheimlich“ ist.**

130

Wer ist „Tine“?

a. **eine Barfrau auf Sylt**

b. **eine Sagengestalt von Rungholt**

c. **eine Romanfigur von Liliencron**

d. **eine Statue in Husum**

Richtige Antwort Frage 129: a.

Wer das niederdeutsche *snupp* kennt, was so viel wie „baff“ oder „bestürzt“ bedeutet, der kann den Wortsinn erahnen; *snuublik* heißt „plötzlich“ und ist mit dem deutschen Wort „schnappen“ verwandt. Beide haben gemeinsam, dass sie einen kurzen, unerwartet eintretenden Vorgang ausdrücken. Im Englischen heißt *to snub* „kurz abfertigen“.

Richtige Antwort Frage 130: d.

„Tine“ nennt man die nach Westen blickende Fischersfrau, die auf dem 1902 erbauten Brunnen auf dem Husumer Marktplatz steht. Das von dem Bildhauer Adolf Brütt (1855–1939) gestaltete Standbild wurde zu einem Wahrzeichen der Stadt. Den Brunnen errichtete man zu Ehren der Husumer Wohltäter Anna Catharina („Tine“) Asmussen und August Friedrich Woldsen.

131

Welchen Teil einer Pflanze nennt man *twich*?

a. **Ranke**

b. **Zweig**

c. **Dorn**

d. **Wurzel**

132

Was ist ein Erdholländer?

a. **eine Windmühle**

b. **ein aus den Niederlanden nach Nordfriesland gewanderter Maulwurf**

c. **Bezeichnung für die ersten Zuwanderer aus den Niederlanden**

d. **eine Meierei holländischen Typs**

Richtige Antwort Frage 131: b.

An diesem Wort, das in allen nordfriesischen Mundarten gebraucht wird, lässt sich die enge Verwandtschaft zwischen Friesisch und Englisch erkennen: Der englische *twig* ist ein Zweig, und dieselbe Bedeutung hat auch *twich*. Der Unterschied zwischen „Zweig" und *twich* deutet auch auf eine Entwicklung hin, die nur das Deutsche durchlaufen hat: die sogenannte Hochdeutsche oder Zweite Lautverschiebung. Wo andere Sprachen im Anlaut ein t aufweisen, steht im Hochdeutschen in gewissen Fällen ein z. Das Wort „Zeit" hat die englische Entsprechung *tide* („Gezeiten"), nordfriesisch *tid(j)* („Zeit"), Niederdeutsch *tied* und so weiter.

Richtige Antwort Frage 132: a.

„Erdholländer" nennt man eine ebenerdig gebaute Holländermühle, bei der die Flügel bis fast an den Boden reichen. Dieser Mühlentyp wurde in den Niederlanden entwickelt. Die Holländermühlen lösten seit dem 18. Jahrhundert die Bockwindmühlen ab, bei denen jeweils das ganze, auf einem Bock stehende Mühlenhaus in den Wind gedreht werden musste. Bei den neuen Mühlen waren die Flügel dagegen an der Kappe befestigt. Aufgrund der engen Verbindungen Nordfrieslands mit den Niederlanden entlang der Nordseeküste kamen die Mühlen des neuen Typs besonders früh und in großer Zahl hierher.

133

Wer sitzt auf Föhr in der *surigbeenk*?

a. unverheiratete Frauen

b. Seefahrer

c. Trauernde

d. Kinder

134

Was bedeutet der Ortsname Bredstedt?

a. Die Braut steht

b. Brettergestell

c. breite Stätte

d. Brot-Stelle

Richtige Antwort Frage 133: c.

In einer *surigbeenk* sitzen bei einer Trauerfeier in der Kirche die engsten Angehörigen. Wörtlich übersetzt heißt das Wort „Sorgenbank“ oder „Trauerbank“. Anders als im Deutschen kann man im Nordfriesischen „Sorge“ auch für „Trauer“ verwenden. Die Leidtragenden in einem Todesfall werden *suriglidj* genannt. Ganz ähnlich wie das friesische Wort wird das nah verwandte englische *sorrow* verwendet.

Richtige Antwort Frage 134: c.

Bredstedt, friesisch *Bräist,* heißt übersetzt „Breite Stätte“. Die Stadt im Herzen Nordfrieslands wurde 1231 das erste Mal vom dänischen König Waldemar II. als *Brethaestath* erwähnt. Heutzutage kann *Bräist* als Zentrum der Nordfriesen gelten. Mit dem *Friisk Hüs,* das zwei große friesische Vereine und den Friesenrat unter einem Dach vereint, sowie dem *Nordfriisk Instituut* weist *Bräist* gleich zwei wichtige Anlaufstellen für diejenigen auf, die sich für nordfriesische Sprache, Geschichte und Kultur interessieren.

Friesisch in der Wissenschaft – das *Nordfriisk Instituut*

Wer sich dem Thema Friesisch wissenschaftlich nähern möchte, hat in Deutschland mehrere Möglichkeiten. Wie in anderen philologischen Fächern auch, dreht sich in der „Frisistik" alles um die Sprache, die Literatur und die Kultur. An der Christian-Albrechts-Universität zu Kiel kann man einen Bachelor- und Masterabschluss im Fach „Friesische Philologie" erlangen oder Friesisch als Ergänzung zum Lehrgangsstudium studieren. An der Flensburger Universität werden zukünftige Friesisch-Lehrkräfte ausgebildet.

Auf Föhr findet man die *Ferring Stiftung*, die der Mediziner und Unternehmer Dr. Frederik Paulsen 1988 gegründet hat. Er leistete damit einen wichtigen Beitrag zur Erforschung und Erhaltung der friesischen Sprache und Kultur auf seiner Insel.

Wer eine Frage zum Nordfriesischen hat, der ist richtig beim *Nordfriisk Instituut*. Hier kümmert man sich seit 1964/65 um die Belange der friesischen Kultur, Sprache und Geschichte. Jemand, der Geburtstagsgäste mit Grußkarten auf Friesisch einladen möchte, wendet sich genauso an das *Instituut* wie

Wissenschaftler oder regionale Laienforscher. In dem Bredstedter Gebäude finden die Besucher eine umfangreiche Bibliothek. Sind Ihre Verwandten nach Amerika ausgewandert, und Sie haben seitdem nichts von ihnen gehört? Dann fragen Sie im *Instituut* nach, vielleicht kann man Ihnen im dort ansässigen Auswanderer-Archiv helfen.

Im hauseigenen Verlag erscheinen zahlreiche Bücher. „Hits" sind etwa Übersetzungen von Astrid Lindgrens Kinderbüchern, das bunt bebilderte „Meine ersten 1000 Wörter" in mehreren nordfriesischen Dialekten oder das sechsbändige Werk „Geschichte Nordfrieslands". Viermal im Jahr kommt die Zeitschrift „Nordfriesland" heraus. Das „Nordfriesische Jahrbuch" enthält neueste Forschungsergebnisse. Weiterhin veröffentlicht das *Instituut* Biografien bekannter Nordfriesen und moderne Sprachkurse. Ein beliebtes Geschenk zu Weihnachten ist der *Jarling*, ein Foto-Kalender mit friesischen Bildunterschriften. Auf Konferenzen und Veranstaltungen sowie in den Arbeitsgruppen trifft man andere Interessierte. Bei Vortragsreihen wie dem alljährlichen Nordfriesischen „Sommer-Institut" wird über Inhalte wie Seefahrt, nordfriesische Malerei und Architektur oder Sturmfluten berichtet. Für den Fall, dass man Friesisch lernen möchte, aber keine Gelegenheit oder Zeit für einen regelmäßigen Kurs findet, sollte man auf *edunordfriisk.de* vorbeischauen. Dieser Online-Sprachkurs bietet ein unterhaltsames An-

Hier dreht sich alles um das Friesische: das *Nordfriisk Instituut* in Bredstedt.

gebot an friesischen Texten, Videos, Audios und Spielen. Auch wenig Geübte können sich mithilfe von virtuellem Wörterbuch und Übersetzungsfunktion in das Friesische einarbeiten.

Literaturhinweise

Albert Bantelmann, Rolf Kuschert, Albert Panten, Thomas Steensen: Geschichte Nordfrieslands. Band 1–6 (im Schuber), Bräist/Bredstedt 2009.

Das große Nordfriesland-Buch, Hamburg 2000.

Harry Kunz, Fiete Pingel, Thomas Steensen: Nordfriesland von A bis Z, Bräist/Bredstedt 1998.

Harry Kunz, Thomas Steensen: Das neue Sylt Lexikon, Neumünster 2007.

Wolfgang Laur: Historisches Ortsnamenlexikon von Schleswig-Holstein, Neumünster 1992.

Horst Haider Munske u. a. (Hrsg.): Handbuch des Friesischen – Handbook of Frisian Studies, Tübingen 2001.

Nordfriislon – Nordfrisland – Nordfriesland. Dreisprachige Nordfrieslandkarte mit dänischen und friesischen Ortsnamen, bearb. von Antje Arfsten, Bräist/Bredstedt 2012.

Quedens, Georg: Was man über Friesenhäuser wissen sollte. Hamburg 2011.

Bo Sjölin: Etymologisches Handwörterbuch des Festlandsnordfriesischen, Kiel 2006.

Thomas Steensen: Heimat Nordfriesland. Ein Kanon friesischer Kultur, Bräist/Bredstedt 2013.

Sylter Friesisch – Sölring

Sölring Uurterbok. Wörterbuch der sylterfriesischen Sprache, Keitum auf Sylt 2006.

Söl'ring Uurterbok. Wörterbuch der Sylter Mundart, Walluf bei Wiesbaden 1973.

Min jest düüsend Uurter (Sölring), Bräist/Bredstedt 1998.

Föhr-Amrumer Friesisch – Fering-Öömrang

Wörterbuch Deutsch-Föhrer Friesisch (Westerlandföhr), Insel Amrum 2011.

Sjiisk-Öömrang Wurdenbuk. Grundwortschatz Deutsch-Friesisch (Amrumer Mundart), Bräist/Bredstedt 1982

Fering-Öömrang Wurdenbuk. Wörterbuch der friesischen Mundart von Föhr und Amrum, Neumünster 2002.

Min iarst düüsend wurden (Fering), Bräist/Bredstedt 1998.

Min iarst düüsend wurden (Öömrang), Bräist/Bredstedt 1998.

Friesischer Sprachkurs. Fering, bearb. von Antje Arfsten und Christina Tadsen, Bräist/Bredstedt 2007.

Friesischer Sprachkurs. Fering II, bearb. von Antje Arfsten und Ingo Laabs, Bräist/Bredstedt 2009.

Nils Århammar: Die Amringer Sprache. Die Amringer Literatur. In: Amrum – Geschichte und Gestalt einer Insel, Itzehoe-Münsterdorf 1969, S. 146–152.

Volkert F. Faltings, Reinhard Jannen: „En ai as en ai", saad a prääster ... Fering-Öömrang Spreegwurdleksikon – Föhring-Amringer Sprichwörterlexikon, Husum 2012.

Helgoländisch – Halunder

Wi lear Halunder. Helgoländisches Lehrbuch von Mina Borchert, Ritva und Nils Århammar, Helgoland-Bredstedt 1991.
Miin iaars duusend würder (Halunder), Bräist/Bredstedt 1998.

Wiedingharder Friesisch – Wiringhiirder Freesk

Freesk Uurdebuk. Wörterbuch der Wiedingharder Mundart, Neumünster 1994.
Basiswörterbuch Deutsch-Friesisch. Wiedingharder Mundart, Husum 1998.
Min iirste duusend uurde (Wiringhiirder Freesk), Bräist/Bredstedt 1998.

Bökingharder (Mooringer) Friesisch – Frasch

Deutsch-friesische Wörterliste. Mooringer Mundart, Kiel 1991.
Frasch Uurdebök. Wörterbuch der Mooringer Mundart, Neumünster 1988.
Min jarste duusend uurde (Frasch), Bräist/Bredstedt 1998.
Friesischer Sprachkurs. Mooringer Frasch, bearb. von Adeline Petersen, Bräist/Bredstedt 2006.
Friesischer Sprachkurs. Mooringer Frasch II, bearb. von Antje Arfsten und Ingo Laabs, Bräist/Bredstedt 2008.
Ommo Wilts: Friesisches Sprichwörterlexikon Friesisch-Deutsch. Sprichwörter und Redensarten der Bökingharde, Neumünster 1992.

Nordergoesharder Friesisch – Fräisch/Freesch

Kleines Friesisches Wörterbuch der Nordergoesharder Mundart, Bräist/Bredstedt 1981.
Friesisch-Deutsche Wörterliste. Nordergoesharder Mundart, Kiel 1992.

Halligfriesisch – Freesk

Deutsch-Halligfriesisch. Ein Wörterbuch, Bräist/Bredstedt 1977.

Bildnachweis

Archiv der Theodor-Storm-Gesellschaft, Husum: S. 185
bpk, Berlin: S. 102 (F. Schensky), 179 Mi. li.
Marcus Dewanger/sh:z: Klappe re.
Henner Heinrichs: S. 141 u.
huber-images.de: S. 93 (Hans-Peter Huber), 99 o. + u. (Gräfenhain)
Husumer Nachrichten: S. 179 o. re., 218 u. li.
Eckhard Jaeger, Langeneß/Bielefeld: S. 49
Nordfriisk Instituut, Bredstedt: S. 179 o. li., 179 Mi. re. (Familie Mommsen), 179 u. li. + u. re.
picture-alliance, Frankfurt/M.: S. 17 + 131 u. (Dumont-Bildarchiv), 132 (dpa)
Georg Quedens, Norddorf: Cover, S. 50, 69, 70, 81 o., 112, 122, 140, 141 o., 142, 149 o. + u., 218 o. + u. re.
Kim Schmidt, Dollerup: S. 25, 41, 42, 57, 67, 77, 94, 119, 205, 215
Michael Staudt, Flensburg: S. 16, 131 o.
Sammlung Thomas Steensen, Bredstedt: S. 37, 79, 81 u., 109, 168/169, 225, 228, 237
Schleswig-Holsteinischer Zeitungsverlag (sh:z): S. 6
Sylter Archiv/Hans-Jürgen Stöver: S. 48, 207
© Katja Xenikis – Fotolia.com: S. 60

Impressum

Bibliografische Information der Deutschen Nationalbibliothek
Die Deutsche Nationalbibliothek verzeichnet diese Publikation in der Deutschen Nationalbibliografie; detaillierte bibliografische Daten sind im Internet über http://dnb.d-nb.de abrufbar.

ISBN 978-3-8319-0532-4

Redaktion Verlag: Annette Krüger, Hamburg
Redaktion sh:z: Dr. Helge Matthiesen, Stephan Richter, Flensburg
Gestaltung: BrücknerAping Büro für Gestaltung GbR, Bremen
Lithografie: SMS Scheer Medien Service GmbH, Bremen
Gesamtherstellung:
CPI books GmbH, Leck

www.ellert-richter.de